AF495405

MAURICE BARRÈS

EN ITALIE

René KIEFFER

RELIURES D'ART

47, rue Saint-André-des-Arts

Métro : Odéon

PARIS (VIe)

29-2-1912

Cher Monsieur

Je vous envoie les 2 exemplaires convenus. Sur un des deux, j'ai ajouté 2 états des eaux-fortes et la suite des vignettes de façon à vous faire un exempl. personnel de toute richesse.

Vous verrez combien le livre fait mieux une fois présenté dans sa forme définitive que lorsque vous l'avez vu chez moi, il y a quelques temps.

J'espère qu'aussi il vous fera honneur et plaisir.

Je comptes d'ici la fin de

l'année aller vous entretenir d'un projet d'édition d'une autre de vos oeuvres.

Veuillez croire, cher Monsieur, à l'assurance de ma considération distinguée et à mes sentiments tout dévoués

[signature]

Je m'aperçois que je puis vous envoyer un troisième exempl. je le fais avec plaisir.

P.S. J'ouvre ma lettre pour répondre à la votre que je viens de recevoir ; ce qui m'a retardé c'était de trouver les suites que je désirais vous offrir avec votre volume personnel.

BN

20 EXEMPLAIRES
Contenant 3 états des eaux-fortes, la suite des vignettes en tirage à part et une *Aquarelle originale* de l'illustrateur.. .. .. *450 fr.*

30 EXEMPLAIRES
Contenant 3 états des eaux-fortes, et la suite des vignettes en tirage à part .. .. *350 fr.*

20 EXEMPLAIRES
Contenant 2 états des eaux-fortes. .. .. .. *200 fr.*

180 EXEMPLAIRES
Contenant 1 état des eaux-fortes.. .. .. .. *150 fr.*

EXEMPLAIRE RÉSERVÉ

Monsieur Maurice BARRÈS

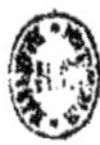

Z Barrès 615

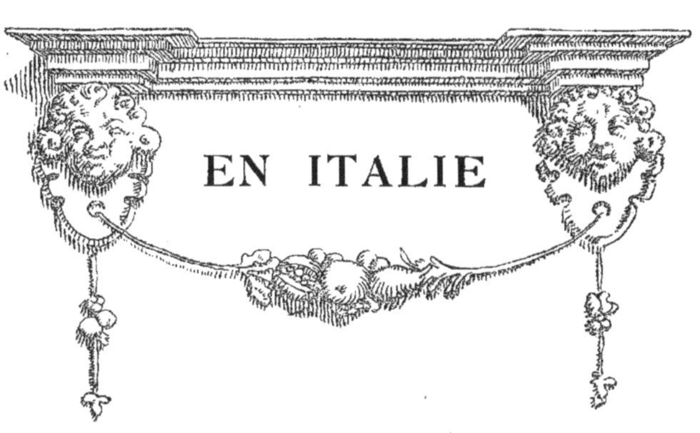
EN ITALIE

MAURICE BARRÈS

DE L'ACADÉMIE FRANÇAISE

EN ITALIE

EAUX-FORTES EN COULEURS ET VIGNETTES

DE AUG.-H. THOMAS

COLLECTION ECLECTIQUE

AUGUSTE BLAIZOT | RENÉ KIEFFER

LIBRAIRE-ÉDITEUR | RELIEUR D'ART

26, Rue Le Peletier, 26 | *47, Rue St-André-des-Arts*

PARIS 1911

SYLLABES CHANTANTES
TERRASSES PARFUMÉES

SYLLABES CHANTANTES
TERRASSES PARFUMÉES

En Suisse, on m'a montré une vieille demoiselle fort honorable, qui, chaque année, choisit un petit garçon et le défraie de toutes les études jusqu'au jour où il sera prêtre. J'ai immédiatement pensé à mademoiselle Claude

Bernard, qui recueille les caniches, mais leur défend la reproduction. Et quand j'arrivai sur les lacs d'Italie, la conduite de ces deux personnes me revint à l'esprit, me parut d'un exemple fécond.

Certains êtres, me disais-je, semblent plus particulièrement désignés pour qu'on prenne souci d'eux, et qu'on leur évite les duretés de la lutte, de la concurrence ; ils y succomberaient. Leur délicatesse, leur faiblesse, leur donnent ce « droit à la paresse » dont parlait Lafargue. Mais puisqu'ils ne savent pas assurer leur propre vie, il y aurait lieu de les décharger du soin d'assurer l'espèce, car la société qui les tire d'affaire ne serait pourtant pas assez riche pour adopter leurs enfants.

Ces nouveaux moines, ces derviches singuliers, ces rêveurs, incapables de l'effort qu'il faut dépenser dans les grandes villes, où pourraient-ils plus doucement végéter que dans les jardins épars sur les lacs de Lugano, de Côme, de Garde, sur ce lac de Varèse aussi, où Taine désirait posséder une villa ? Incomparables paradis pour des êtres qui ne veulent avoir que des soucis viagers !

Jardins Giulia, Melzi, Sommariva, Serbelloni, syllabes

chantantes, terrasses parfumées et lumineuses ! Pourtant c'est déjà l'automne ; une petite pluie chaude tombe sur les arbres. Sur ces pentes où je me promène et qui enserrent le lac, l'allée est droite comme un balcon et offre partout des bancs ; sans efforts, sans pensée, au milieu des myrtes, des citronniers, des palmiers, on s'enivre à la « coupe de lumière » qu'est ce paysage. Mais c'est de l'automne, plus encore que de la flore méridionale, qu'est fait, selon mon goût, le charme de ces bords.

De vieux arbres qui tendent leurs branches vers la lumière s'interposent entre le promeneur et le cirque. On ne voit plus le bleu du lac, les maisons de plaisance, les forêts de mûriers, d'oliviers, qu'à travers un mince rideau de feuilles immobiles. Ainsi demi-voilée de feuillage jaunissant, la nature dans ce grand silence est plus adorable qu'aucune composition de l'art, et les femmes du *Printemps* de ce fameux Botticelli, enguirlandées, elles aussi, ne sont que de pauvres petits insectes auprès de ce repos, de cette jeunesse, de cette véritable déesse qu'est la Nature aux jardins de Lombardie.

Pourquoi désigner telle villa ? C'est toute la région

qui nous est un jardin, au sens magique que reçoit ce mot quand il désigne les lieux mystérieux de la légende, depuis le jardin biblique des commencements du monde jusqu'aux jardins enchantés d'Armide.

Ce n'est pas l'âpreté de l'Espagne, ni la grandeur de l'Orient, là-bas, à l'entrée du désert. C'est même un peu banal ; mais avec tant de gentillesse ! Sur la marche de Suisse et d'Italie, à Lugano, un pauvre boutiquier à qui j'achète, pour quelque monnaie, de n'importe quoi, exige de verser sur mon mouchoir trois gouttes de « pur chypre ». Cette odeur, qui pour mon ordinaire m'incommoderait, venant de cet adroit courtisan, du premier Italien rencontré, parfume tout ce qui m'entoure, me crée une atmosphère un peu fade, mais plaisante.

A Londres, et d'un Anglais, on n'aurait pas ces gentillesses. Eh bien ! le mauvais goût n'est point chose si méprisable. Je connais un grand travailleur, un savant médecin, qui ne veut que des domestiques italiens. Dans les intervalles de ses consultations, pour se délasser des vilenies physiques que tant de patients lui détaillent, vite, il fait parler son valet de chambre. Peu importe le sens des mots, leur son seul l'a reposé. Je comprends mieux de tels intermèdes que je ne fais du général Boulanger baisant le portrait de sa maîtresse dans les suspensions des séances du Comité national. N'était-elle pas dans la chambre voisine !

Hélas ! ces jardins d'Italie, un jour on les a traversés ; jamais on ne s'y fixe. On ne saurait y vivre ; ils ne sont que des endroits de loisirs. Voici le pays du silence, de l'effacement universel des choses et des êtres. Contentons nous d'y passer parfois.

En Italie, les vins sont mauvais, les femmes peu jolies, la musique bien grêle, et pourtant tout cela, on se le rappelle avec ivresse. En glissant sur ce facile lac de Côme, la musique que de pauvres orchestres envoient d'une rive à l'autre me devient délicieuse. D'un art étroit, peu abondant, elle témoigne cependant d'une telle bonne volonté de bonheur ! Ici, le parfum des fleurs et la qualité de la lumière transfigurent les plus pauvres airs. Au reste, les fidèles de Bayreuth auraient grand tort de sourire si l'on goûte en Italie les mélodies italiennes. Le Venusberg d'où se dégage si difficilement le chevalier Tannhauser, les filles-fleurs, qu'est-ce que cela, sinon la mollesse italienne dont ce sensuel Wagner sentait bien la divine puissance ?

Ce matin, au sommet d'un des coteaux qui, mêlés aux montagnes, entourent et dominent le lac de Côme, sous les arbres et contemplant la nappe d'eau d'un bleu plombé qui s'épand largement parmi les forêts, les moissons, les prés et les fleurs, j'ai rencontré le petit pâtre qui, au dernier acte de *Tannhauser*, joue sur son chalumeau un air pour ses moutons. Même attitude, même poésie.

Poésie ! ce mot garde encore pour les bons esprits sa valeur. Peut-être n'est-il pas de pays où l'on trouve plus de poésie éparse qu'en cette Italie. Et je ne parle pas de sa littérature, ni de sa musique, ni du décor des villes, ni des musées. Tout cela, c'est de la poésie fixée, et par là même, sinon amoindrie, limitée. Mais, dans les jardins d'Italie, je m'enivre d'une poésie à l'état flottant, essentielle, dégagée de tout remaniement humain. Émotion indéfinie, par là inférieure aux choses d'art, mais qui donne une impression d'autant plus féconde.

Les plus grands créateurs depuis des siècles sont

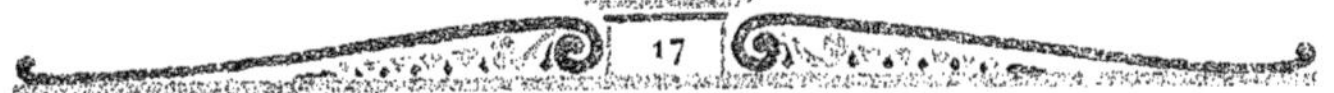

venus emprunter de la vie à cette atmosphère de paradis. Mais ceux qui n'ont pas la force du génie ne peuvent ici que jouir et paresser. La discipline des mœurs, la méthode dans le travail intellectuel, l'enrégimentement des volontés, autant de nécessités modernes qui seraient, dans les jardins de Côme et de Varèse, de monstrueux non-sens.

A mesure que j'y réfléchis, je m'en convaincs davantage : c'est ici le pays désigné pour les dilettantes un peu faibles, élégants, incapables de tout effort, et que tuent ou déclassent si vite nos grandes villes. Une société prévoyante, et qui ne se contenterait pas, comme la nôtre, d'assurer une villégiature aux assassins endurcis, assignerait comme séjour cette partie haute de la Lombardie à certains esprits pour qui tout est souffrance en dehors du plaisir ; elle les obligerait à la stérilité en leur laissant la volupté.

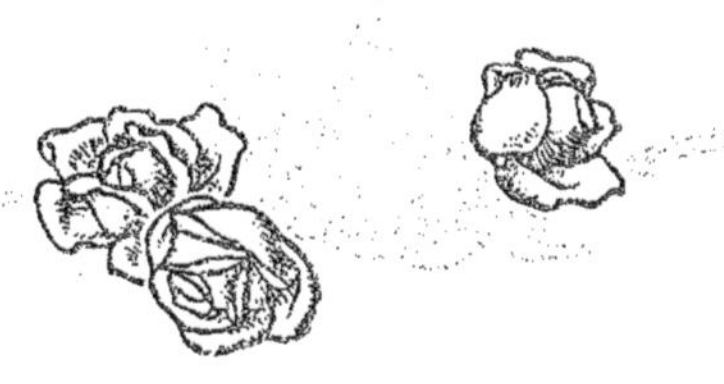

LE ROMAN DU LAC DE COME

LE ROMAN DU LAC DE COME

On écrirait huit ou quinze volumes, plus gros que le fameux feuilleton d'Eugène Sue, *les Mystères de Paris*, plus gros, mais aussi passionnants: *le Roman du lac de Côme*. Ce serait, dans leurs mystérieux détails, la suite de toutes les aventures qui, de France, d'Angleterre, de

Russie, sont venues s'abriter dans ces jardins si chauds, parfumés et secrets. Et j'entends qu'on se limiterait à ce siècle. On raconterait cette princesse de Galles éprise d'un postillon italien, du fameux Bergomi, qui vint chercher ici un cadre poétique pour l'homme en qui elle se déshonorait. De son procès retentissant, à Villa d'Este, dans le premier bassin du lac de Côme, on trouverait encore des échos. Avec le recul, ces vilaines choses prennent une façon de beauté, toujours suspecte, mais attirante. Le vice et la vertu gagnent beaucoup à être vus de loin. A Belaggio, le narrateur s'attarderait autour d'une certaine petite maison, analogue à celle qui, dans *La Faustin,* est placée sous le patronage de M. de Sade. Les femmes n'y entraient jamais. Sur tout ce lac, qui, dès avril, berce tant de molles barques, elles semblent s'être dédommagées. Côme et ses rives sont l'asile de tous les adultères où l'on agit avec indépendance et avec goût.

Rousseau avait songé à placer au lac Majeur, aux îles Borromées les scènes de sa *Nouvelle Héloïse.* Il se ravisa, préféra le lac de Genève. Comme disent les manuels classiques, il ne convenait point que le bréviaire des grands cœurs de la Révolution fut trempé dans ces eaux parfumées, mais plutôt dans le torrent glacé du Rhône.

Si facile, indulgent de climat, rejetant toujours le voyageur dans ces barques où l'on s'étend, où l'on rêve, le pays de Côme convient à tous ceux qui entendent bien ne pas résister à leur passion. Cet air léger, élégant jusqu'à la fadeur, ne fut depuis des siècles qu'une gracieuse haleine de jeunesse et de plaisir. Parfois, dans ces belles journées si lentes, si paresseuses, si bleues, on voudrait que le lac se soulevât un peu ; jamais je ne le vis plus bruyant que le froissement de la soie contre une femme.

Sont-ce ces fleurs, si nombreuses qu'à les voir on pense invinciblement aux chambres mortuaires de nos grandes villes ? Devant les images les plus voluptueuses, on est toujours contraint d'envisager le désagrément de mourir un jour. En parcourant le lac de Côme, je cherchais les cimetières. Ils pourraient y être admirables. Je voudrais que ces pentes si âpres dans le haut, puis, à mi-côte, vertes de feuillages, égayées de villas, de doux jardins aromatiques, finissent çà et là par des tombes. L'eau les caresserait, rejetée sur les bords par les barques de plaisir.

Le plaisir rapide, la volupté et la mort, voilà quelles seraient les couleurs de ce *Roman du lac de Côme*, bien facile à écrire pourvu que l'auteur se fût renseigné abondamment et qu'il eût trempé ses feuillets, parfois, dans cette eau où tant de mains fiévreuses cherchèrent un peu de fraîcheur, tandis que glissait la barque...

Dirai-je la note dominante, la qualité franche de ce pays ? Il est un complaisant. Pour le faire connaître, ce n'est point assez d'être géographe, géologue, agronome, statisticien, ni même d'avoir du pittoresque. Il faut indiquer les anecdotes humaines qui se vivent chaque jour sur ses rives. Ici, c'est le refuge des passions disqualifiées (jeunes filles enlevées, mondaines déclassées, et le reste). M. Taine — qui dans *Venise* n'a pas une ligne pour nous dire que les lagunes sont le point du globe où l'on va le plus mourir de mélancolie — n'a rien distingué non plus sous la toile légère des lits flottants qu'on croise sur le lac de Côme.

Dans le goût d'une autre brochure intitulée *Huit jours chez M. Renan*, j'ai écrit jadis un essai de critique pittoresque, sous ce titre, suffisamment explicatif, *M. Taine en voyage*. Comme j'ai eu l'occasion de constater qu'on peut froisser

ceux-là mêmes qu'on goûte le plus, et parce qu'il m'eût été insupportable de contrarier M. Taine, à qui nous devons de grands bénéfices intellectuels, j'ai renoncé à publier ce petit travail. Après cinq années de tiroir, il doit sentir le moisi, et ce n'est pas la mort de M. Taine qui donnerait de la convenance à un ton qui d'abord eût paru un peu dégagé. De ce mince cahier de plaisanteries un peu livresques, mais pas plus reprochables qu'il ne se les permit sur les « philosophes classiques », je me rappelle que, promenant en Italie M. Taine, je l'embarquais un matin sur le vapeur qui de Côme fait le tour du lac. Sitôt à bord, il développait ses nombreux livres, sa carte, ses papiers, et terminait... sa description de Venise. C'est vers le soir seulement qu'il commençait l'étude des dossiers que l'archiviste de Côme lui avait obligeamment préparés et remis sur le port. Enfin, au soleil tombant, et comme le bateau rentrait dans Côme, M. Taine quittait la cabine, montait sur le pont et, se promenant de long en large, tête baissée, composait la première phrase de son chapitre : « Toute la journée, sans fatigue, sans pensée, j'ai nagé dans une coupe de lumière... »

Sans doute, elle n'est qu'à demi juste, cette chicane :

M. Taine n'était pas uniquement de bibliothèque, il comprenait fortement la nature; elle lui parlait, et les sentiments profonds qu'elle lui communiquait, il a eu, sur tant d'autres, la supériorité de leur donner parfois une expression philosophique infiniment juste et émouvante. « Devant les eaux, le ciel, les montagnes, on se sent devant des êtres achevés, toujours jeunes. L'accident n'a pas de prise sur eux, ils sont les mêmes qu'au premier jour : le même printemps leur versera tous les ans, à pleine main, la même sève ; nos défaillances cessent au contact de leur force, et notre inquiétude s'amollit dans leur paix. A travers eux, apparaît la puissance uniforme qui se déploie par la variété et les transformations des choses, la grande mère féconde et calme que rien ne trouble, parce que, hors d'elle, il n'y a rien. Alors, dans l'âme, une sensation se dégage inconnue et profonde... »

Qu'on relise tout cela. Il n'y a pas à dire, voilà des notes qui ont un sens, et je m'en étonne, parce que l'amour de la nature, très répandu, je crois, s'exprime, pour l'ordinaire, en réflexions tout à fait stupides. Mais que ces pensées, belles en soi et si justes, me semblent déplacées sur les lacs d'Italie! Elles expriment trop mal les sensations autochtones!

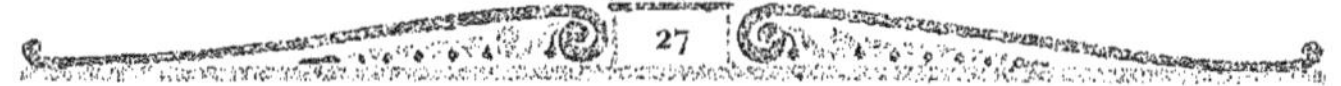

Tout le monde traverse une fois dans sa vie ce paysage légendaire ; chacun est libre d'y porter ses façons de penser habituelles, mais dans ce pays de silence, où les oiseaux eux-mêmes ne parlent pas, seuls trouvent une patrie les passionnés résolus de céder à toutes leurs exténuantes langueurs.

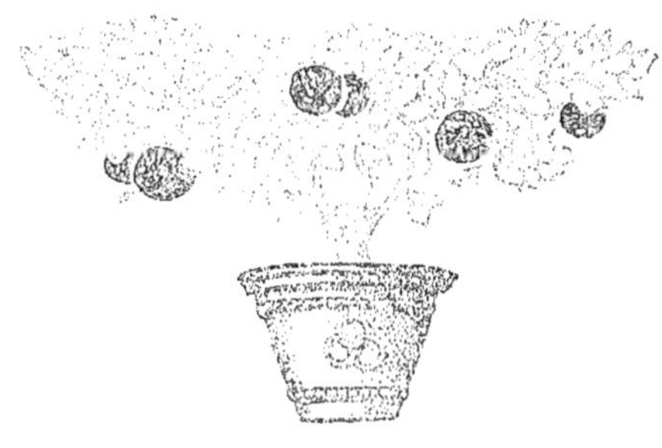

AUTOUR DE L'ISOLA BELLA

AUTOUR DE L'ISOLA BELLA

De ma barque qui longe les rives du lac Majeur, je vois les huit conscrits de Pallanza qui marchent musique en tête. Ils dansent, et autour d'eux dansent les polissons et les petites filles du bourg. De *trattoria* en *trattoria*, ils vont ainsi sous une profusion de soleil joyeux, et cela se déroule élégamment, comme une minuscule frise antique au bas de ces admirables montagnes... Un silence, puis la musiquette reprend, glissant jusqu'à ma barque sur le lac qui l'adoucit. En marche pour des *trattorias* encore ! Tout Pallanza les suit. Pauvres petits hommes ! Sous ce grand soleil, c'est l'instant triomphal de leurs vies. Dans ce cortège de fête, nul animal qu'ils mènent aux dieux pour honorer la Cité ; ces cœurs simples n'ont rien à offrir qu'eux-mêmes et c'est à eux aussi qu'ils offrent des libations.

Quel paysage incomparable autour de ces chétifs qui vont à leur destin ! Sur le lac Majeur, le ciel semble plus haut et l'horizon moins fermé qu'à Côme. Les montagnes y sont si belles, avec leurs courbes infiniment souples et fières et leur aisance de beautés naissantes, que je ne leur sens d'analogue que le jeune corps des femmes du Corrège ou les sentiments d'une pureté virile des jeunes gens de Platon. Chères montagnes, tantôt voilées dans les nuages, tantôt couchées au ras des flots, tantôt groupées comme des Mauresques au cimetière, mais jamais sèches ni dures, et que, vers le soir, les ombres vêtent des plus souples velours ! La vie est plus rare ici que sur ce brillant lac de Côme ; dans cet

isolement le sentiment s'élargit, dépasse l'exquis pour atteindre au sublime.

Mais voici le vapeur qui s'approche, image du travail consciencieux, faisant un bruit de grosse bête toujours en effort. En une journée il fait le tour du lac ; je quitte ma barque, trop lente pour mon impatience de beauté.

Sur ce vapeur je retrouve des conscrits encore, qui vont sur la rive voisine visiter des villages amis. Groupés à l'arrière sur des tonneaux, une plume à leurs humbles chapeaux, ils sont tous crêtés comme de jeunes coqs et fument de longs *virginias* (si injustement méconnus par de bons connaisseurs, par Teodor de Wyzewa et par Anatole France). Un musicien les accompagne ; sans trêve, dans cette coupe sublime de lumière et d'eau bleue, il jette du Verdi frelaté et des chansons napolitaines. Tout cela bien suspect, mais emporté dans l'élan de cet incomparable après-midi. Les yeux aussi de ces petits hommes sont d'une parfaite stupidité, leurs attitudes veules, et pourtant les pauvres gens collaborent à l'harmonie de l'ensemble.

Au long de la rive, de simples terrasses, gagnées à grands travaux sur le lac, six arbres plantés sur un petit cap et qui supportent de longs filets de pêcheurs, des bancs de granit disposés pour embrasser les plus beaux aspects, dénotent un art de la volupté, un luxe sans richesse, auprès de quoi, sur la minute, les combinaisons d'un Rothschild, voire d'un Louis XIV, me semblent bien ostentatoires. On a prétendu que la devise des Borromées, *« Humilitas »*, contrastait avec ces magnifiques lieux où elle est partout inscrite. C'est un faux reproche. Jamais ici au plaisir ne s'associe la notion d'argent. On s'abandonne au bonheur ambiant sans calcul; il se fait parfums, couleurs, bruissement de la lumière et de l'eau, légèreté de l'atmosphère pour nous pénétrer par tous les sens.

... Soudain a retenti l'appel des matelots, l'arrêt d'Isola Bella.

Isola Bella, la perle du lac Majeur, le lieu légendaire de la douceur et de la beauté, où tout notre être est raréfié! A ce nom sublime, à la foule qui dans un même amour se presse pour débarquer sur cet étroit terrain divin, j'oublie toutes les imperfections; on va toucher à la pure volupté. Je veux me donner le chagrin de la refuser. Le bateau s'éloigne et seul je demeure sur le pont. Les terrasses d'Isola

Bella étagent leurs romanesques décors, leurs statues qui montent vers le ciel comme des cris de bonheur, leurs végétations empruntées au monde entier et neuves sur l'imagination comme des frôlements inconnus.

Mise en scène si fine, si pénétrante d'imprévu que les nerfs de qui la contemple en sont usés pour tout le jour. J'ai vu des yeux qu'elle remplissait de larmes. L'*Embarquement pour Cythère*, disait Watteau, et sa mélancolie, son espoir dans la vie, sa sensualité excitée vers l'inconnu composaient un rêve analogue au *débarquement d'Isola Bella.*

D'autres jours, j'ai visité ce rêve et je sais, sur quelles réalités sont appuyées ses magies.

Vers 1628, Jules-César Borromée appliqua son âme à l'embellissement de ces rochers qu'habitait une pauvre population. Il rêvait d'y former un lieu de toutes délices auquel il donnait le nom d'Isabella, sa femme. Sur l'emplacement d'une église qu'il démolit, il commença des jardins pour lesquels il demandait des plantes en Flandre, à Valence, à Alicante, à Rome. Son fils Vitaliani, très épris des doctrines de Platon, continua de construire ce séjour idéal. Cent cinquante personnes, habitaient encore un coin de l'îlot qu'il expropria. Il recouvrit ces rochers de terre végétale apportée dans des barques du continent ; et, plaçant le palais en partie sur l'eau, il superposa douze étages de jardins dans cet étroit espace. Dès 1668, on jouait dans l'Isola Bella un intermède en musique, l'*Hypocondrie chassée de l'île par l'Allégresse.*

A la fin du dix-huitième siècle, la condition des familles qui jouissaient d'une seigneurie territoriale fut bien changée. Né en 1751, Gibert fut le dernier des Borromées qui posséda des droits féodaux. Dépouillée d'un seul trait de tous ses privilèges, cette maison resta du moins puissante par ses propriétés privées. En 1796, Gibert, suspect d'avoir voulu renverser le nouvel ordre politique, fut relégué à Nice. Il ne rentra à Milan que simple citoyen. Napoléon, en constituant le royaume d'Italie, le fit comte et lui accorda d'ériger les îles en majorat pour son aîné.

Depuis 1814, il n'y a plus de majorat. Les Borromées font de grands efforts pour maintenir la belle création de leurs ancêtres. Mais un jour, par le jeu inéluctable du Code civil qui morcelle toutes les fortunes, nous verrons l'Isola

Bella aux mains d'un Américain ou bien encore, c'est plus probable, transformée en Palace-Hotel.

Cueillons dans chaque saison le fruit qu'elle nous propose ; c'est la morale de ces îles fortunées, et puisqu'il en est temps encore, trouvons ici, réalisées par d'ingénieux et fastueux amateurs, les imaginations voluptueuses des plus grands poètes du monde. C'est ici les jardins d'Armide que peignit le Tasse et l'île d'Alcine décrite par l'Arioste.

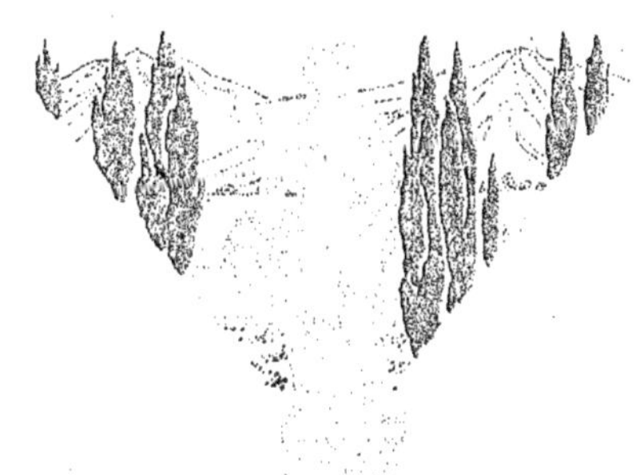

LES COLOMBES BORROMÉES

LES COLOMBES BORROMÉES

J'aurais voulu rencontrer dans les eaux qui baignent l'Isola Bella les deux nymphes que virent Ubalde et le Danois. Elles folâtrent et se défient à la nage ; quelquefois elles plongent et, en reparaissant, découvrent de nouveaux trésors. Les cœurs des guerriers s'émeuvent ; ils s'arrêtent pour les contempler ; elles continuent leur badinage ; l'une d'elles enfin s'élève sur la surface du lac et présente à leurs yeux sa gorge d'albâtre et des appas encore plus secrets. Le reste de son corps paraît à demi sous le voile liquide ; l'eau dégoutte de sa blonde chevelure. Ses regards distraits errent sur la rive ; elle détache ses cheveux qu'un nœud rassemblait sur sa tête ; ils tombent et couvrent d'or l'ivoire de son col : que de charmes disparaissent ! Mais un charme nouveau les remplace : elle reporte sur les deux guerriers des yeux où la honte se mêle à la joie. Elle rit, elle rougit, et son rire s'embellit de sa pudeur. Enfin, d'une voix si touchante qu'elle amollirait les cœurs les plus durs : « Heureux étrangers, leur dit-elle, qu'un destin propice conduit au séjour de la félicité, vous trouverez un asile ici contre les orages et l'oubli de vos peines ; vous y goûterez les plaisirs que goûtaient, au siècle d'or, les hommes encore libres du joug des lois. Quittez vos armes désormais inutiles. »

Les nymphes du Tasse ont disparu, mais leur chant flotte encore sur des paysages également puissants pour amollir nos sens et pour nous épurer par l'enthousiasme. Tel pourtant que nous le parcourons, ce jardin n'est plus qu'une magnificence décorative d'où l'acteur principal a disparu : il y laisse assez de traces pour que notre désir suscité le regrette. Dans l'Isola Bella, on souffre confusément du vide et de quelque manque. Cette île qui parfois me parut le bel Athis, sanglant et dégradé sur le sable à l'automne, c'est tout au moins un gazon foulé que vient de fuir la volupté. Dans ce paradis du romanesque, dans ce paradis perdu, continuons d'appeler les fantômes du Tasse ; qu'ils nous soient un électuaire pour tromper les désirs auxquels nous livre sans résistance une telle atmosphère.

Les deux guerriers, Ubalde et le Danois, sont arrivés au jardin enchanté d'Armide. Des eaux dormantes, des ruisseaux sur un sable d'argent, des fleurs, des arbustes, des gazons, des collines dorées de lumière, des vallons couverts d'ombrage, des grottes et des forêts éternelles. L'art qui créa ces beautés y ajoute encore par les soins qu'il prend de se cacher. L'air docile aux lois de la magicienne porte partout une chaleur féconde et appelle dans les rameaux la sève obéissante ; à des fruits toujours mûrs, les arbres mêlent des fleurs toujours nouvelles. Sur le même tronc, sous la même feuille, voici la figue déjà fendue à côté de la figue naissante, et la vigne encore fleurissante étale une grappe déjà lourde de jus et noircie. Les oiseaux amoureux soupirent dans la verdure leurs plaisirs et leurs peines, auxquels s'associent l'eau qui murmure et la feuille qui fraîchit. L'un de ces chanteurs ailés a le plumage multicolore et le bec purpurin ; quand il commence un grand air, sa langue forme des sons qui ressemblent aux nôtres, tout se tait pour l'entendre : « Vois cette rose naissante, dit-il, que colore un modeste incarnat ; à peine entr'ouvre-t-elle son bouton ; moins elle se montre, cette recluse, plus elle est belle ; mais déjà plus hardie, elle étale ses trésors, son secret ; tout à coup, elle languit, elle n'est plus cette fleur qu'enviaient mille beautés et que les amants brûlaient d'offrir à leurs maîtresses. Cueillons la rose au matin, car le soir elle tombe fanée; prenons la rose d'amour; aimons tandis qu'on peut nous aimer. »

Il se tait, les oiseaux reprennent leur ramage; les tourterelles redoublent leurs baisers ; tout brûle, tout s'enflamme. Le chêne et le laurier, les arbustes et les plantes, la terre et les eaux respirent l'amour et ressentent sa puissance.

Au milieu de tant d'objets voluptueux, les deux

guerriers s'avancent. A travers le feuillage que voient-ils ? Armide et son amant. Elle est couchée sur le gazon et tient Renaud dans ses bras. Son voile ne couvre plus l'albâtre de son sein ; ses cheveux sont épars ; elle languit d'amour ; sur ses joues enflammées brille une sueur voluptueuse qui l'embellit encore. Dans ses prunelles humides il y a le feu du plaisir, et sa tête s'incline sur Renaud renversé.

Dans l'Isola Bella, si je cherchais involontairement ces images enivrantes du Tasse à travers les douze terrasses des jardins, c'est l'Alcine de l'Arioste qui me manqua après que j'eus visité le château et quand, des longues galeries en arcades qui portent toute la construction, je regardais les eaux plates, d'un bleu foncé, les douces collines qui leur font bordure et, plus loin, les cimes neigeuses.

Vous souvient-il du chant sublime où Alcine, quittant les portiques de son palais, vient à la rencontre de Roger ? Entourée de sa cour, elle le reçoit et lui fait rendre les hommages qu'elle eût accordés à un dieu. Le palais était moins remarquable par sa richesse que par les grâces et la beauté de celles qui l'habitaient. Toutes avaient les mêmes charmes et la même jeunesse, surpassées par Alcine comme par le soleil les astres de la nuit. Ses cheveux flottent en boucles innombrables, souples et brillantes. Ses yeux noirs sont pleins de douceur et peu prodigues de regards. Sa bouche, teintée des riches couleurs du cinabre et qui laisse voir, en s'ouvrant, deux rangs de perles choisies, s'embellit de douces paroles et d'un sourire qui brûle et captive les cœurs. Divin sourire, qui semble appartenir aux cieux plus qu'à la terre ! Son cou, gracieusement arrondi, efface l'éclat de la neige ; sa poitrine est large et relevée ; sa gorge, blanche comme le lait, est doucement agitée ; on dirait les oscillations des flots quand souffle le zéphyr. En dépit des voiles qui veulent arrêter les regards, on découvre que les charmes cachés sont dignes de ceux que l'on aperçoit. Ses deux bras, d'une forme élégante et proportionnée, sont terminés par deux mains dont l'ivoire ne laisse paraître ni les veines ni les ressorts cachés. Tout séduit en elle : ses paroles, sa voix, son sourire, sa démarche, ses accents. Comment, à la voir si belle, Roger eût-il pu lui résister ?

A la table d'Alcine, les lyres, les harpes, les cithares font frémir les airs de sons harmonieux. Les chants peignent les délices et les transports de l'amour. Les fictions de la poésie ajoutent aux charmes de ces récits. Le festin est plus magnifique et plus somptueux que si Cléopâtre recevait Antoine vainqueur.

On enlève les tables ; tous les convives réunis en cercle se livrent à ces jeux inventés par l'amour pour favoriser les tendres et discrètes avances. Les uns et les autres se confient à l'oreille une partie des secrets de leurs cœurs. Alcine et Roger se font avec mystère les plus doux aveux ; un même désir amène la même promesse de se retrouver pendant la nuit prochaine. Les jeux cessent plus tôt que d'ordinaire. Des pages apportent des flambeaux de cire. Ils conduisent la joyeuse compagnie dans les appartements qu'elle doit occuper. Une chambre plus vaste, plus élégante et plus parfumée, est destinée au paladin.

Roger repose entre des draps du luxe le plus délicat. Il épie le bruit qui doit lui annoncer Alcine. Au plus léger mouvement, il lève la tête, plein d'espoir. Souvent il croit l'entendre, mais il reconnaît son erreur et soupire. Parfois il s'élance hors du lit, ouvre la porte, écoute en vain et, plein d'impatience, il maudit les heures si longues qui retardent l'instant désiré. Se disant : « Elle vient ! » il compte les pas qu'elle doit faire pour le rejoindre. Mille pensées l'agitent, et parfois il craint qu'un obstacle imprévu le prive du bonheur qu'il semblait tenir.

Enfin Alcine a banni toute crainte, et tandis que le calme et le silence règnent dans son palais, elle verse sur elle les parfums et sort doucement de sa chambre. Par une voie secrète, elle se rend près de Roger. Il voit enfin paraître l'astre charmant. Quel soufre brûlant coule dans ses veines ! Ses regards plongent dans cette mer de délices et de beautés. Il s'élance de son lit et presse Alcine dans ses bras. L'enchanteresse n'a d'autre voile qu'un simple tissu de gaze d'une éclatante blancheur. Ce voile se détache sous les baisers de Roger, et Alcine paraît tout entière hors du cristal qui cachait ses contours de rose et de lis. Ils s'enlaçent, et le lierre n'étreint pas avec plus de force l'arbre qui le soutient. La fleur que produisent les sables de l'Inde et les plaines de Saba n'a point de parfums aussi suaves... Puis le silence règne, bien que leurs langues muettes expriment encore leurs félicités.

Les mystères de cette heureuse nuit restèrent secrets,

ou du moins on parut les ignorer. Toutes les belles soumises aux volontés d'Alcine entouraient Roger de prévenances et de soins, mais toutes feignaient de ne point soupçonner son bonheur...

Le voyageur qui vient du Nord, quand il visite l'Isola Bella, voit les larmes, entend les soupirs, répond aux mouvements d'amour des belles héroïnes du Tasse et d'Arioste. Ces divines harmonies, ces conceptions inconséquentes, tout ce romanesque plus oriental que la mélancolie des nuits asiatiques, sortent des domaines de la rêverie, deviennent ici possibles, voire nécessaires. Le voyageur appelle les Voluptés, il leur offre sa jeunesse, il regrette, comme Faust, de n'avoir pas eu la sagesse de la leur faire accepter.

Ces vieux bosquets, qui n'ont plus d'Armide ni d'Alcine, valent toujours par une profusion de plantes de tous les climats, et l'impression redouble de terrasse en terrasse, parce qu'on change à chaque fois de culture, sans que l'harmonie, comme c'est l'inconvénient des jardins botaniques, soient détruite par le mélange d'espèces disparates. Des groupes abondants de limoniers, d'orangers, de camélias, de camphriers, de magnolias et de cèdres du Liban nous composent successivement l'atmosphère de toutes les provinces du monde méridional.

Je pénétrai sous une haute futaie de lauriers. C'était, en plein jour, l'ombre la plus saisissante et qui augmentait encore la noblesse de ces branches sacrées. Noirs rameaux et feuilles lisses ! A mon pas, une vingtaine de colombes se levèrent de terre, mais d'un vol si lourd qu'on eût pu les prendre dans la main. J'en fus beaucoup touché, parce qu'elles me parurent demi-ivres des parfums accumulés sur des terrasses si étroites par tant d'arbres de tous les climats. Cette atmosphère unique dans l'univers semblait les étouffer. Nul aujourd'hui ne se promène sans malaise parmi tant d'essences accumulées par la violence d'un art pompeux. C'est le royaume de la fièvre ; c'est une beauté irrespirable.

Nous avons de M. de Banville un livre lyrique dont le titre me donne une tristesse sans bornes. Les *Exilés :* mot qui découvre sous un ciel gris une grève. Ovide, dit-il, boit le lait des juments sous la tente de cuir du Sarmate, et sur son pâle visage, doré par le soleil de Florence, Dante reçoit la pluie noire du vieux Paris. Sont-ils les vrais exilés et les

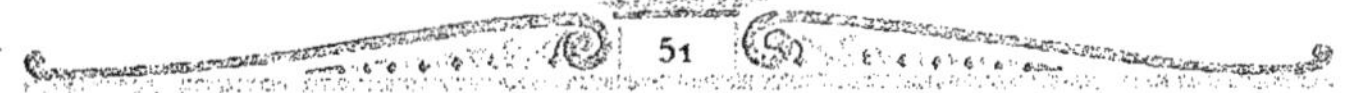

plus misérables ? Non, car un jour vient où les oppresseurs sont balayés par le souffle de l'histoire. Faut-il plaindre davantage ceux qui vivent dans la pauvreté, dans le vice, dans la douleur, ceux que la mort a séparés des amis de leur cœur ? Ils peuvent se consoler avec d'autres affligés. Les vrais exilés et dénués d'espérance, ce sont les passants épris du beau et du juste qui, au milieu d'hommes gouvernés par les vils appétits, se sentent brûlés par la flamme divine... Ainsi juge le poète. Quant à moi, je réserve mon sentiment profond pour ces beaux arbres de l'Isola Bella, pour ces *exilés* qui, en place des oiseaux de paradis promis à leurs branchages, ne supportent que de dépérissantes colombes, dont leur beauté transplantée fait la mort. Le véritable exilé, c'est celui de qui la nature trop belle répand autour de lui le désespoir ou la mort.

Septembre 1893.

L'AUTOMNE A PARME

L'AUTOMNE A PARME

A Luigi Gualdo, Milanais.

Il faut adorer Fabrice del Dongo (de la *Chartreuse de Parme*), qui nous offre un rare mélange d'enthousiasme et de finesse. A seize ans, il était ivre du désir d'agir et de se prouver son énergie au côté du grand Napoléon. Aujourd'hui, il ne trouverait d'activité et de risques que dans la vie parlementaire. En même temps qu'il savait s'amuser de l'intrigue, il avait le goût des sensations de l'âme. Par cette dualité, à laquelle la volupté de l'ancienne Italie fait un cadre convenable, il demeure un des héros les plus séduisants de ce siècle.

Je suis allé à Grianta, à Cadenabbia, où Fabrice passa son enfance sur le lac de Côme ; j'ai cherché vers Vico, entre Como et Ternobbio, le rocher qui s'avance dans le lac et sur lequel, assis par une nuit admirable, il éprouva une si délicieuse exaltation de générosité et de vertu à propos de la Sanseverina. J'ai suivi sa trace sur le lac Majeur et je me mêlai à toutes les impressions qu'il y promena. Hier enfin, dans Parme, je repassais les principales époques de sa vie, toute gorgée de romanesque et d'imprévu, jamais basse ni veule, et que poursuit mon imagination avide de se distraire avec des vies de son goût, des faux pas ou des retards que je ne sus point m'éviter.

Dans ce Parme, que négligèrent Taine et Bourget, il me fallait d'abord visiter le Corrège. Là seulement on peut connaître ce peintre sublime qui créa une expression pour tous les moments de l'âme féminine, gradués de la plus fine

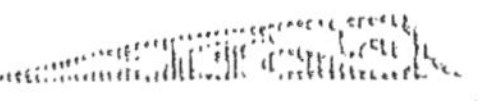

contraction nerveuse jusqu'à la volupté défaillante. L'humidité, le temps ont rempli d'ombres ses fresques, ses coupoles d'églises, et obscurci d'un mystère sans grâce la grâce mystérieuse de ses figures; mais au Musée, deux, trois tableaux, — le *Jour* surtout, où un bambin manie les cheveux d'une incomparable Madeleine, si souple, si voluptueuse avec ses seize ans à peine, — m'ont restitué la grâce touchante, la lumière et la mobilité expressive du lac de Côme. Instruit par de telles beautés, on arrive à goûter le Parmegianino lui-même, à réformer les idées préconçues qui si injustement exaltent ces maigres, secs Florentins, primitifs étriqués et durs. (Voir au Brera, à Milan, de tel Procaccini dédaigné, une sainte extasiée avec une blessure d'où ruisselle un sang affreux sur ses seins charmants, sous une molle batiste. Par dessus cette belle épaule nue, une tête d'homme, de femme, regarde tout ce sang avec une étrange complaisance et, sans plus se montrer, de la main lui tend une passionnante couronne de roses violettes et jaunes. Combinaison psychique et de couleurs qui passe singulièrement les dures et niaises tentatives d'un tas de Giottos pour Anglaises.)

Je sais bien pourquoi c'est à Parme que Stendhal situe son roman. Souvent il vint ici admirer la volupté du Corrège, qu'il devait sentir avec une extrême vivacité, puisqu'il savait jouir de l'Opéra italien ; et dans son esprit, le nom de Parme restait lié à cette recherche du bonheur dans les sentiments tendres à laquelle il consacra cet hymne immoral et passionné : *la Chartreuse.*

Mais si fort que je goûte le Corrège, pouvais-je, dans ce premier instant de mon séjour à Parme, me donner tout à lui ? Pouvais-je m'attarder à l'iconographie des Farnèse, de qui les mauvaises figures en tout autre lieu m'eussent accaparé, car il n'est rien dont je sois plus curieux que de suivre sur trente-six personnages une même âme de famille ? Et surtout, pouvais-je me souiller à m'occuper de l'indigne Marie-Louise, jadis impératrice des Français auprès de Napoléon le Grand et qui régna ici dans les bras d'un borgne ?

J'avais trop grande hâte d'errer au hasard de cette ville et d'y laisser naître mes idées.

Pour qui possède le secret de faire parler les objets, Paris, marqué du sceau impérial de Balzac, donne des leçons de volonté ; mais Parme, tout imprégnée de Stendhal, est l'endroit du monde où s'abandonner au culte des sensations de l'âme. Je cherchai d'abord telles rues, telles maisons où se passèrent tels actes décisifs, où furent échangés tels propos infiniment spirituels, mais on m'a gâté toute Parme, et je crois bien que le comte Mosca, qui l'administra avec tant de génie, s'y trouverait désorienté. Du moins, le type humain est-il demeuré celui que Corrège fixa et que présentait, d'après la description de Stendhal, Clelia Fabio Conti. Je notai, chez les grandes filles, des yeux amusants qui révèlent un peu de l'âme d'une souris, et, sur le *Pont Vert,* des petites filles qui tournoyaient découvrirent sous leurs robes, aux teintes fondues par le soleil, ces mêmes nus que le Corrège, à profusion immortalisa.

Puisque, dans le détail, Parme m'échappait un peu, je projetai, pour en saisir l'ensemble, de suivre la promenade qui l'enserre.

Vers 1830, les remparts n'étaient pas plantés de ces arbres qui, sous cet automne, en font un sentier enivrant de mélancolie, mais ces mêmes sentiments qu'imposent au promeneur solitaire ces charmilles lépreuses, le ton roux de ces feuilles pourrissant sur les pentes, et ces petits bancs si tristes d'être inoccupés, la duchesse de Sanseverina les avait reçus des circonstances. En outre, c'est sur cette terrasse, je le jure, que Fabrice, éperdu d'amour pour la Crescenzi, que depuis un an il n'avait pu voir, cherchait à se figurer ce que pourrait être cette tête charmante avec des couleurs à demi-effacées par les combats de l'âme.

Belle petite ville de Parme, presque de sentimentalité allemande, sous son gris bleu vêtement d'octobre ! Dans cet instant je faillis pardonner à Marie-Louise, douce âme qui n'avait de vie qu'à mi-corps.

C'est aux morts que j'ai donné ma journée; finissons-là au Campo-Santo. Comme il est noble, ce clos silencieux, ceinturé d'un élégant portique ! Plus haute que toutes et seule fastueuse, voici la tombe du mystérieux Paganini (1). Il a du marbre, quand les autres ne sont vêtus que d'herbes comme d'un manteau jeté sur des frères qui sommeillent au bout de l'étape. Au printemps, c'est un manteau piqué de violettes doubles de Parme, mais, sous la petite pluie qui termine ce jour d'automne, je perçois, nos âmes perçoivent la triste et fade odeur des cimetières. Ah ! ces morts sont plus morts que Fabrice del Dongo, le comte Mosca, la Sanseverina et la Crescenzi, qui n'ont jamais existé !

La beauté finissante des Corrèges, cette petite senteur des cadavres, le nom évoqué des violettes, ces quatre sauvages de Stendhal qui bondissent dans mon imagination, c'est assez pour qu'ici je puisse faire les liaisons d'idées les plus émouvantes. Je m'abandonne à l'une de mes rêveries préférées, c'est de rechercher ce que pouvait être la prière que Fabrice avait écrite et qu'il lut dans la petite église Sainte-Marie-de-la-Visitation, le soir que Clelia vint l'entendre. Tels étaient l'expression de sa voix et sans doute le pathétique de son développement, que tout le monde pleurait. Stendhal ne nous donne que le thème de cette prière, c'était « sur la pitié qu'une âme généreuse doit avoir pour un malheureux, alors même qu'il serait coupable ». Quelle volupté d'errer dans la ville de Corrège en se laissant aller à la musique triste des pensées tendres ! Plaisir mortel de souffrir volontairement sur des pointes aiguës, de connaître que notre vie s'écoule, qu'elle se perd en vulgarités. Mais sept heures sonnent à la *Steccata,* à l'église où sonna le minuit du rendez-vous enfin donné par la Crescenzi à

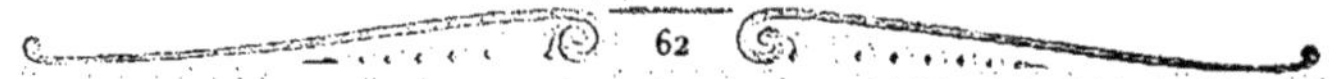

Fabrice : « Entre ici, ami de mon cœur », lui dit-elle d'un ton très bas. Partons, le soir tombe sur la ville.

Octobre 1893.

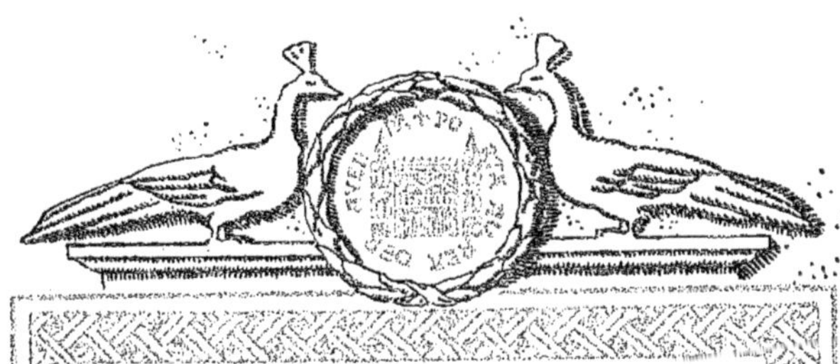

DANS LE SÉPULCRE DE RAVENNE

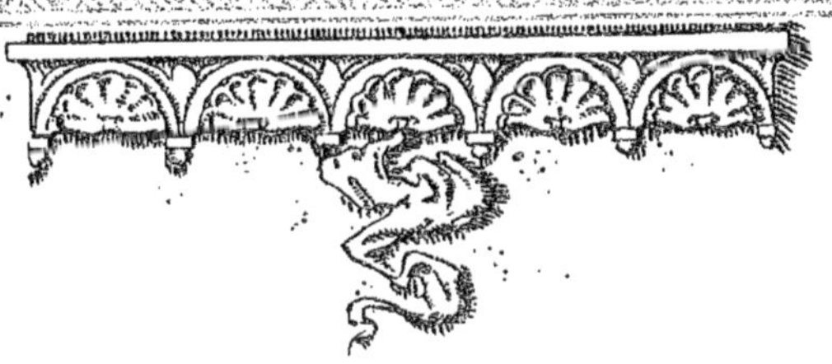

DANS LE SÉPULCRE DE RAVENNE

Est-ce un bas village de Bretagne ? sous la pluie, une plaine désolée de Camargue ? Pour accroître ce silence, compliquer de la notion de ruine cette vision de pauvreté et enfiévrer ces moisissures, ce pays nous donne son nom : Ravenne, tout chargé de siècles, lourd vaisseau échoué aux sables de l'Adriatique avec son chargement de Byzance.

On passe huit jours à visiter ici les morts les plus morts de l'Italie : des mosaïques, des mausolées et des basiliques qui n'ont plus de culte, de cadavres ni de beauté.

Ci-gît le meilleur document sur la période confuse qui relie l'antiquité au moyen âge. Déjà les catacombes de Rome enveloppaient de cette atmosphère notre imagination, mais dans Ravenne, plus sûrement, une civilisation qui se délite intéresse tout notre être par les miasmes qu'elle exhale.

Devant ces mosaïques chrétiennes des premiers siècles, l'intelligence désorientée tâtonne et, dans un lieu moins dénué, se détournerait ; mais cette Ravenne, solitaire et impérieuse, a plié tout ce qu'elle renferme d'après les attitudes cérémonieuses et souffreteuses où ses peintres mosaïstes exprimaient leur vision monotone de l'humanité. La population y est basse, âpre à l'argent, sans ressources. Peu à peu, dans cette retraite, et mieux que dans l'étourdissement de Rome, on sympathise avec l'idéal maussade et tout d'abstraction que poursuit l'art chrétien des six premiers siècles.

Après les mosaïques, les mausolées. La Rotonda, par exemple, tombeau du roi Théodoric. Parce qu'il était hérétique, ses ossements, dans la suite, furent arrachés à leur majestueux sépulcre et jetés au vent. On voit ici combien notre honneur ou notre déshonneur sont soumis aux circonstances et, d'ailleurs, très vite deviennent indifférents. Le tombeau de Théodoric a un petit jardin fermé par une grille avec une gentille avenue tapissée d'herbe. C'est Théodoric l'Arien, mais c'est aussi un retraité de banlieue. Il est du sixième siècle, mais il est aussi de Neuilly. Son gardien, quand je sonnai à la porte, greffait des roses.

De-ci de-là, au hasard de la promenade dans Ravenne, on voit des plaques commémoratives : « Ici, un tel fut traîtreusement assassiné par tel autre. » Au reste, on se sent incapable de blâme ou de pitié, voire de curiosité. Nul endroit plus désigné pour qu'on s'abandonne à l'âcre plaisir de se désintéresser de tout. Je me reconnais sans attache réelle avec les passions auxquelles je me consacre.

Ce pays-ci, trop lourd de reliques et de drames, s'enfonce. La crypte de Saint-Apollinaire, hors les murs, est remplie d'une eau verdâtre, décomposée, qui atteint la marche suprême, pourrit lentement le parvis de l'église et ronge les dix sépulcres qui, depuis douze siècles, perpétuent des mémoires indifférentes. Dans tout Ravenne, les choses, lasses de se maintenir, veulent aller où sont déjà les êtres : sous terre. Elles aspirent à descendre dans le sépulcre, à se faire enfin pourriture. Et ce désir des choses s'affirme avec tant de puissance que nous verrions un sacrilège à intervenir contre cette ascension de la mort.

N'est-ce pas ici que Byron s'efforçait d'aimer la Guiccioli, au lit de laquelle, enfin, il préféra le tombeau ?

Une fade odeur de moisi m'enserre. Vient-elle des pauvres objets de ma chambre d'hôtel, ou des impressions amassées par huit jours de curiosité dans ces ruines croupissantes ?...

Entre les maisons basses et sur les pavés pointus, nous avons gagné la campagne.

Au sortir de Ravenne, la plaine est immense et grave. C'est l'espace où jadis s'étendait la mer. La route fuit en ligne droite sur une maigre chaussée entre les marécages, et l'on écoute le roulement lointain de l'Adriatique. Nulle beauté, nul plaisir, mais un sentiment violent et indéfini qui intéresse l'âme en la faisant sérieuse.

Là-bas, des moutons noirs quêtent l'herbe sur le talus des canaux. En deux heures, nous ne croisons qu'un pauvre âne qui traîne deux paysans épuisés de fièvre. Un oiseau de mer, qui plane sur ces marais, en fait la seule animation. Et tout à l'heure, à la Pineta, je chercherai vainement les vipères que par les jours d'orage le voyageur entend siffler sous sa voiture. Voici qu'enfin accourt le vent salé de la mer. Lentement, sur l'horizon, les pins en ombrelles apparaissent.

Après deux heures de route, on atteint ce qui fut la Pineta, où Dante chassait avec les Polenta, où Byron chevauchait avec la Guiccioli. Ces deux poètes cherchaient ici des images pour exprimer leurs humeurs tragiques. Il y a quatre ans, des incendies ont détruit sur de longs espaces les pins légendaires. Ceux qui parsèment encore cette désolation émeuvent d'autant plus. Ils ont donné à la brise, au temps et à la fatalité tout ce que ceux-ci peuvent emporter. Leur caractère indestructible, les eaux stagnantes qui les entourent et le gémissement de l'Adriatique, ramassent autour du promeneur la notion d'éternité. D'ici, la vie n'est plus qu'un bruit lointain de chiens qui jappent. On doit l'entendre ainsi par les fenêtres closes de sa chambre d'agonisant.

Nulle enquête n'est forte comme une méditation dans le désert de Ravenne pour nous donner une vue claire de la qualité d'énergie que doit fournir un homme soucieux de garder prise, durant quelques siècles, sur les imaginations. Les nuances, les gentillesses, les plus adorables finesses, rien ne vaut, rien que d'être violent et singulier.

Ravenne possède quatre dés heureux, retournés par ceux qui demandent aux jeux du hasard l'immortalité. On y voit la colonne funéraire d'un grand capitaine, Gaston de Foix, le portrait d'une grande courtisane, l'impératrice Théodora, le tombeau de Dante et la cabane de Garibaldi.

La colonne de Gaston de Foix et l'image de Théodora, engagées déja dans la vase, n'ont plus guère de sens, parce que d'autres beautés et d'autres soldats ont amené les mêmes points et montré cette chance exceptionnelle de se prostituer sur un trône ou de mourir sur le champ de bataille. Mais le tombeau de Dante, isolé au détour d'une rue où l'herbe pousse entre les pavés, garde sa plénitude d'émotion. Ce poète ayant exprimé en beauté le catholicisme du moyen âge assume le bénéfice de façons de sentir dont il est pour nous l'unique représentant.

Elle maintiendra aussi son prestige, — dans ce désert fiévreux qui occupe les vastes espaces entre la mer, Ravenne et la Pineta, — la *cabane* où se cacha Garibaldi en août 1849, tandis que les patrouilles autrichiennes le traquaient pour le fusiller. Les mots inscrits à son fronton donnent aux cœurs ambitieux un mouvement sublime : « Cette cabane sacrée..., les Italiens l'honorent comme celle de Bethléem. » L'Italie, dans son ardent désir de refaire son unité, a su mettre d'admirables *memoranda* sur toutes les pierres où reposèrent ceux par qui elle put s'affirmer. Ce Garibaldi au manteau flottant, de mémoire un peu suspecte en France, grandira en Italie jusqu'à devenir une légende sublime, parce qu'il a réuni (et pour le bien de son pays) tous les traits d'une espèce d'aventuriers depuis des siècles très fréquents sur cette terre, mais qu'il rejette dans l'obscurité.

... De la Pineta, en nous dirigeant vers la *cabane*

sacrée, nous avons atteint la mer. Voici le soir. L'Adriatique roule en mugissant ses lourdes volutes de vert et de jaune splendides. Les phares s'allument. Le voiturier s'inquiète : son triste cheval nourri de seules herbes a les reins couverts d'une affreuse écume. Il faut rentrer dans Ravenne.

Le soir met sur les terres et les étangs son immense teinte de violet lamé d'argent. Derrière nous court le gémissement de la mer. Des pensées surgissent de toutes parts, énergiques et dévorantes, comme si elles avaient été laissées dans ce désert par tant d'hommes passionnés qui le traversèrent, ivres de désirs, de haines et de violences. Elles sont mêlées de fièvre pour avoir si longtemps dormi sur les marais. Elles se joignent à nos soucis ordinaires, les enfièvrent jusqu'à ce qu'ils passent toute mesure et de songes deviennent du délire.

Ce froid me glace. Il pénètre trop avant et l'on ne sait pas s'en défendre ; aussi bien il se fait aimer. Est-ce vraiment le vent de la mer ? C'est un souffle du sépulcre. Il emporte bien loin ces petites illusions que la société remet à chacun pour qu'il ait le courage de suivre sa destinée.

Aux portes de cette ville, j'ai vu des malheureux

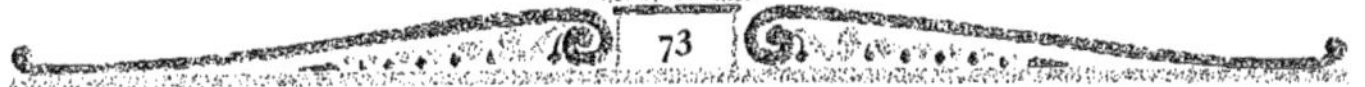

enfoncés jusqu'à mi-cuisse dans la boue qu'ils battaient pour en faire des briques. Les mausolées et les basiliques de Ravenne, construits de cette sorte, ont duré ; ils n'ont pas fini de pourrir, quand déjà deux ou trois civilisations plus récentes ont disparu. N'importe, cette boue qui défie la mort me glace ; sortons du sépulcre, revêtons nos préjugés. Si temporaires, du moins ils nous tiennent chaud. Recommençons à ne plus penser. Fermons notre cœur sur la vérité.

Avril 1894.

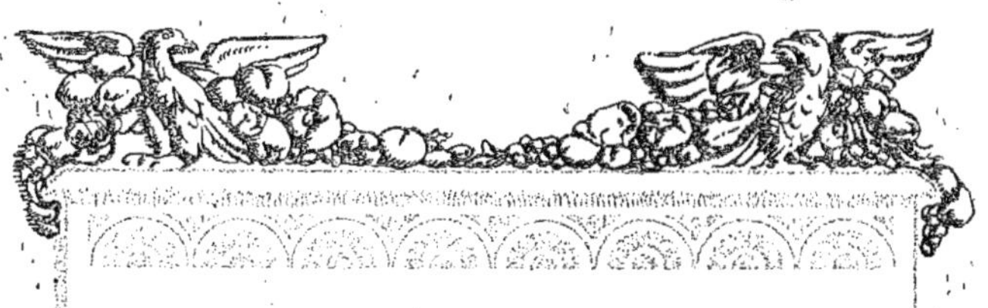

UNE JOURNÉE A PISE

UNE JOURNÉE A PISE

Cette douce Pise n'a que peu de choses à montrer, mais exquises. Elle les présente avec une complaisance charmante, sur sa petite prairie où les pieds poudreux des voyageurs n'empêchent point que fleurisse un magnifique trèfle à quatre feuilles (le Dôme, le Baptistère, le Campanile et le Campo Santo), divinement doré, ce matin, par les premiers soleils de l'année. Ce ne sont point les gens vulgaires qui nuisent aux chefs-d'œuvre. Ils passent comme des troupeaux innocents. Mais les délicats corrompent peu à peu l'atmosphère des lieux célèbres, en y laissant quelque chose de leur personnalité.

Cet art florentin où rien n'est mièvre ni affecté, mais qui suit la nature avec minutie et simplicité, peu à peu devant notre imagination s'est modifié au contact de tant de jeunes filles et de poètes (les meilleurs comme les pires) qui l'ont célébré en termes recherchés et précieux. Ces types toscans, jamais vulgaires mais de vie populaire, malicieux parfois et souvent déformés par les métiers et les privations, on a voulu les voir comme une aristocratie, comme une élite dont tous les liens seraient coupés avec la réalité. Pauvres petites gens que j'admirais tout à l'heure faisant vos besognes familières dans les fresques de Benozzo Gozzoli (au Campo Santo), à vouloir vous anoblir, peu à peu on vous enlève vos mérites. Vous êtes des êtres qui riez, peinez, pleurez, tremblez, dépérissez ; vous faites partie d'une civilisation ; vous ne la résumez ni ne la dominez. Vous n'avez pas une qualité de beauté pour qu'on vous hausse impunément aux rôles de demi-dieux ; laissez cela aux enfants de Michel-Ange. Vous êtes une gentille plèbe, telle qu'en produit, aux époques artistiques, chaque métier dans chaque pays, mais à vouloir vous déclasser, à vous tirer de la catégorie des figures réalistes pour vous introduire parmi les types du génie humain, les poètes, d'accord avec les demoiselles anglaises, ont mis à la mode je ne sais quelle simplicité élégante, dont la fadeur dégoûtera bientôt les esprits sincères, au point que vous, pauvres artistes innocents de cet engouement, vous tous et surtout Botticelli, vous tomberez pour un certain temps dans la plus triste défaveur.

Pour retrouver l'atmosphère sincère de l'art toscan (et puisque aussi bien Pise est trop connue pour qu'on la décrive encore), je suis allé à travers une belle forêt de pins jusqu'à la Méditerranée. Sur l'horizon, des montagnes fines et précises, crêtées de neige ; dans la plaine, ça et là, des cyprès décoratifs. Sur la plage, à une heure et demie de la ville, j'ai visité Il Gombo, où les flots rejetèrent le cadavre de Shelley, que Byron fit brûler. Byron put tenir dans sa main les cendres de Shelley, mais il ne possédait plus son cœur. Shelley, quand il mourut, était sur le point de se brouiller avec son impérieux ami. Les motifs de cette séparation constituent un admirable témoignage sur les caractères d'exception. Dans ce dossier du génie on trouverait l'histoire d'Allegra, la fille naturelle de Byron, romanesque et mystérieuse comme l'*Euphorion* du second *Faust*. Elle mourut à quinze ans ; elle était la nièce de Shelley, et celui-ci ne put excuser le manque de cœur de Byron qui, en effet, assume une grande part de responsabilité dans la mort de la pauvre petite... Croirait-on que cette belle-sœur de Shelley, qui fut la maîtresse de Byron et la mère d'Allegra, ne mourut qu'en 1879 ! Les plus jeunes d'entre nous auraient encore pu connaître une maîtresse de Byron et une maîtresse de Napoléon. Cette petite pas grand'chose de Mme Fourès, qui figurait en habits d'homme dans l'armée d'Égypte, ne mourut qu'en 1869. Plutôt que d'écouter la vague sur cette plage si triste, vaudrait-il pas mieux interroger les vieilles femmes ?

Nul signe ne marque sur la grève cet endroit où vont les pensées de tant d'admirateurs, mais on le reconnaît parce que c'est le point d'où cette solitude se déploie avec le plus de magnificence. Une mer sans voiles et d'un bleu profond,

des pins terriblement déformés par le vent, et par dessus, dans le lointain, les seuls Monts Pisans qui mettent un troisième bleu entre les teintes du ciel et de la mer, composent un ensemble délicat et puissant, où l'on se surprend à louer la nature d'atteindre ici la beauté sans prodigalités ni efforts. (Comparez à cette sobriété la Suisse, si ridicule avec ses rodomontades de montagnes, de précipices, de glaciers, de sapins, de nuages, d'avalanches et tout son matériel qui nous encombre sans nous toucher.)

Cette promenade, mieux qu'aucun traité, m'a donné le ton pour goûter l'art réaliste de Toscane et tous ces primitifs. Second bénéfice, j'ai rencontré un troupeau de chameaux qui s'en allaient travailler aux champs avec un nonchaloir attendrissant. Troisième bénéfice, à ne trouver au lieu funéraire de Shelley aucun signe matériel, j'ai senti une fois de plus que, pour les tombes, silence et nudité, c'est éloquence et beauté.

Si la mode se propageait de mettre des photographies dans les cimetières, ce serait un grand malheur. La somme de poésie qu'il y a dans l'univers en serait considérablement diminuée, car la mort perdrait sa mélancolie. C'est une impression que j'ai eue très forte au cimetière de Gênes. Les défunts y sont représentés en marbre, en bronze, tantôt couchés et recevant les derniers embrassements des leurs, tantôt en veston comme ils avaient coutume. Ils arrêtent toute sympathie. A les voir tels qu'ils furent, on bénit la mort. Mort bienfaisante, qui nous a délivrés de pareilles vulgarités ! A considérer ce sot, ce fat et ce gaillard, je me disais : « Enfin ! nous l'avons enterré ! C'est toujours un monstre de moins ! » Mais pas une fois, dans ce cimetière, je ne trouvai le sentiment que j'y venais chercher : ce que nous donne de regret vague un nom sur une dalle rongée, et de qui, bientôt, ce sera comme si cet être n'avait pas vécu.

Mars 1894.

LES BEAUX CONTRASTES DE SIENNE

LES BEAUX CONTRASTES DE SIENNE

Cette rude petite ville de Sienne, si pleine de volupté, apparaît à l'imagination comme la recéleuse chez qui le Sodoma vint entasser les trésors qu'il composait selon les conseils du Vinci et selon son propre cœur, qui était trouble.

Étrange enfant, cette Sienne, à la fois si dure et si souple, cerclée de murailles qui la compriment et assise avec aisance sur trois collines. Ces rues étroites, enchevêtrées, qui sans trêve grimpent et dévalent, que de fois je les ai suivies dans la fraîcheur qu'y maintiennent, même en été, les lourds palais qui les bordent! Je les sillonnais en tous sens, entrant chez les antiquaires, m'intéressant à toutes les églises et me reposant enfin à la cathédrale parmi les charmants jeunes gens, vrais pages de plaisir, du Pinturicchio.

C'est la qualité de la lumière, plus encore que tant de chefs-d'œuvre particuliers, qui varie le pittoresque de Sienne. Au matin, quand tout l'être est léger et que le pied semble prendre de la joie sur les dalles élastiques des rues, j'ai vu, au fond de sa place fameuse, le Palais Public gai, jeune, avec ses créneaux qui lui font une couronne et sa gentille loggia. Une ombre fraîche et lumineuse l'adoucissait; le soleil, en face, éclatait sur le marbre blanc de la fontaine, et tous les palais de cette place, si étrangement dessinée en forme de coquille, prenait leur pleine valeur, rouges, gris, verts et violets... Et puis, je l'ai vu, ce Palazzo

Pubblico, le soir, si sombre, si triste de son balcon désormais muet, de son beffroi dont la voix manque d'autorité et de sa haute tour qui n'aperçoit plus rien d'héroïque.

Une des plus fortes sensations de cette Sienne, dont les rues étroites, toutes dallées et fraîches, semblent les couloirs d'un immense palais, ce sont soudain des jours, des sortes de fenêtres, ménagés aux plus beaux points et d'où le regard, franchissant les ravins bâtis que forme la ville, embrasse les longs aspects vallonnés de cette campagne surprenante. Parfois encore, la rue s'élargit en terrasse, toujours bornée à pic par l'abîme et plantée de trois arbres, d'autant plus précieux parmi tant de pierres. Combinaison fort habile de l'art ou du hasard. Nous commencions vaguement à souffrir de ne fouler jamais de terre, de n'apercevoir jamais un arbre, mais seulement, entre les hautes frises des palais, une raie de ciel, et voici que soudain un mur s'abaisse à n'être plus qu'un garde-fou sur les pentes qui nous séparent de l'immense horizon.

Ce mélange un peu théâtral d'architecture et de nature, mis au point par les siècles, fait un divertissement artistique tel que jamais je ne me lassai d'en goûter l'imprévu. Les jardins les mieux étudiés, le Boboli avec ses trouées sur la campagne de Florence ou ceux des lacs Majeur et de Côme, à l'instant où leurs collines d'azalées défleurissent sous les magnolias commençants, ne passent pas en beauté ces places où les femmes de Sienne, en tirant l'eau du puits sous des arbres centenaires, embrassent un illustre horizon.

Tel est le prestige de Sienne : grave et voluptueuse dans ses parties les plus modestes aussi bien que dans les promenoirs fameux que lui font sa cathédrale et sa place de la Seigneurie.

C'est le caractère de la Toscane entière. On ne saurait être jeune avec plus de gentillesse que ces territoires florentins ; oui, nulle part la jeunesse n'a été davantage une jolie chose à mettre dans son lit. Et si vives que soient dans cet air léger et brûlant les sensations, jamais elles n'y sont entachées de bassesse. Mais à Sienne, plus qu'en aucun lieu de Toscane, ces deux caractères, gravité et volupté, s'affirment avec intensité et par là contrastent fortement. Peu de nuances, des couleurs fortes et quelque chose de l'âpre sensualisme dont l'Espagne est exaspérée.

Dans cette étroite enceinte, tant de durs palais-forteresses, del Magnifico, Salimbeni, Piccolomini, Tolomei, avec leurs tours et leurs créneaux, nous remémorent des légendes tragiques jusqu'à la férocité, et puis, à leurs pieds, voici la petite maison trempée de dévotion de Sainte Catherine, un des reliquaires qui ont mis dans le monde chrétien le plus d'attendrissement... Et quand nous visitons le Musée, même antithèse entre l'énergie sévère des primitifs Siennois et la force passionnée du Sodoma assisté des Beccafumi, des Pacchia.

Le Sodoma ! c'est la volupté du Vinci : mais le trouble qui nous inquiétait dans le sourire lombard, ici gagne tout le corps. Ce n'est point simplement un mystère spirituel que nous proposent, à l'oratoire de San Bernardino et à l'église de San Domenico, les tableaux du Sodoma, tableaux multipliés au point que Sienne en est toute modifiée et que, d'histoire et d'aspect si rudes, elle nous emplit pourtant de mollesse.

A Florence déjà, devant le *Saint Sébastien* des Offices, nous avions soupçonné son secret. Ce qui fait l'émoi de ce merveilleux jeune homme, ce n'est point la flèche qui traverse son cou, ni celle qui met sur sa cuisse deux minces filets de sang. Nulle femme ne s'y trompera. Involontairement, elles s'avancent pour recevoir ce beau corps dans leurs bras. Lui-même, avec cet air de vierge et sous cette impression nouvelle, croit mourir, veut des bras qui le serrent. L'extase, l'angoisse de ses yeux, de sa bouche entr'ouverte, avouent ce que nous dit d'autre part la sombre et brûlante image du Sodoma.

On peut le voir, peint par lui-même, dans une fresque de Monte Olivetto. Cette impérieuse figure olivâtre, long ovale qu'accompagne une large chevelure noire tombant jusqu'aux épaules, et puis ces yeux splendides, cette bouche trop épaisse... Ah ! te voilà bien, Antonio Bazzi, *detto* il Sodoma !

Chez un tel homme, les images sensuelles prennent une acuité exceptionnelle, rompent l'harmonie ou, pour parler librement, la médiocrité de notre vision ordinaire. Il transforme dans son esprit les réalités du monde extérieur pour en faire une certaine beauté ardente et triste.

Ils ont raison de se choquer, de s'épouvanter, ceux

pour qui l'art n'est point un univers complet et qui, ne sachant point s'y satisfaire exclusivement, tenteront de transporter des fragments de leur rêve dans la vie de société : rien n'en résultera que désastres.

Les jeunes gens du Sodoma, qui mêlent à la vigueur physique attestée par leurs muscles d'athlètes une expression intellectuelle si aiguë qu'elle en devient douloureuse, sont une vision épuisante. L'exaltation psychique unie à cette force de vie atteint les plus hautes expressions du désir, du désespoir, de l'ardeur à la vie, et provoque en nous, tout au fond de notre conscience, des états inconnus dont la force surgissant pourrait bien rompre l'ordre social.

De ses femmes, les sentiments ne sont pas moins aigus. La *Madeleine* sur l'épaule du Christ mort appuie sa joue, lui tient la main, avec quelle secrète douceur ! Jamais tant qu'il vécut elle n'osa ce geste familier qui lui est infiniment sensible. — Voici sa *Judith,* jeune fille qui rentre au camp des Hébreux. A la voir qui passe ainsi, ce matin-là, ne dirait-on pas une vierge dont aucune image jamais ne brouilla le regard ? Et pourtant Holopherne était un vigoureux vivant ! Comme une femme oublie l'acte auquel elle s'est prêtée ! Petites mains qui tenez ce sabre sanglant, avant que le coq ait chanté, ne fûtes-vous pas deux petites mains frémissantes et caressantes ? — Et dans la fresque où le peintre représente l'épisode fameux du condamné qui, pour mourir sans blasphémer, exigea que la sainte lui tint la tête sous la hache du bourreau, le groupe des vierges, accourues pour voir sur le tronc décapité le désordre de la mort, nous révèle le goût impur de la femme pour le sang et pour l'épouvante. Dans toutes les filles de Montmartre, haletantes de détails sur le dernier guillotiné, Sodoma m'a fait reconnaître Hérodiade. — Mais de ce maître, la force expressive sublime, c'est *Sainte Catherine* exténuée. Ce qu'elle fut, cette sainte, de qui Sienne est remplie, on l'entrevoit d'après ses portraits à peu près authentiques : une vieille fille énergique, fort intelligente, que n'arrêtaient ni le respect humain ni les obstacles. Ses ardeurs très réelles, n'ont rien à voir avec la mollesse. Leur qualité apparaît toute dans sa démarche auprès de Grégoire XI, qu'elle fit rentrer dans Rome : « Pour accomplir votre devoir, très saint Père, et suivant la volonté de Dieu, vous fermerez les portes de ce beau palais et vous prendrez les routes de Rome où les difficultés et la malaria vous attendent, en échange des délices d'Avignon. »

Comment cette femme d'action, de génie énergique, exaltée par ses méditations solitaires, devint-elle dans les arts le plus voluptueux symbole ? La figure de sainte Thérèse a subi une transformation analogue. La légende toujours auréole de trouble et de charme ceux qu'elle choisit. L'imagination populaire ne peut s'accommoder de faits précis et répugne à l'analyse des caractères.

On suit la transition chez les artistes plus rapprochés de la sainte. Dans la salle du Conseil, au Palais Public, la délicieuse *Sainte Catherine*, de Vecchietta ! Quelle princesse du mysticisme ! C'est adorable et bien précieux, car il y a une intention de ressemblance et Vecchietta a dû se servir des portraits du temps. Le teint frais de la bonne nonne et les beaux grands yeux qui ont beaucoup pleuré, et l'arc de la bouche, et les longues mains aristocratiques qui portent les stigmates comme des joyaux... Elle a fait assez pour nous toucher si, nous présentant ses plaies, elle nous remémore ses vertus. Mais de ces vertus, les Siennois bientôt voulurent une représentation émouvante ; ils se convainquirent que celle qu'ils aimaient avait dû être la plus troublante des amoureuses. Est-il rien de mieux que leur maîtresse qui se pâme pour faire impression sur des hommes rudes ? Il fallut bien que Catherine, maîtresse de Sienne, se pâmât.

L'*Évanouissement de sainte Catherine,* par Sodoma, avec son corps ployé dont les molles étoffes nous révèlent la défaillance, provoque et contente nos forces secrètes. C'est tout notre être qui s'intéresse là. Un parfait objet d'amour, voilà ce qu'à mis Sodoma dans San Domenico de Sienne, et l'installant si mol et trempé de passion parmi ces duretés, il a créé un des contrastes les plus puissants que le monde de l'art propose à ses voluptueux.

Avril 1894.

Antonio Bazzi detto Sodoma

L'ÉVOLUTION DE L'INDIVIDU DANS LES MUSÉES DE TOSCANE

L'ÉVOLUTION DE L'INDIVIDU DANS LES MUSÉES DE TOSCANE (*)

Hommage de soumission à l'héroïque Michel-Ange.

On admet qu'un peuple évolue selon les mêmes lois qu'un individu. Si les notions que l'on s'est faites sur le développement du Moi sont exactes, ne devront-elles

(*) On remarquera que nous confondons peu a peu l'art de Toscane et l'art italien entier. C'est une façon de voir très supportable dans ce raccourci.

pas se vérifier dans les musées visités suivant l'ordre chronologique ? En certain pays, ils sont le meilleur document que nous possédions pour la psychologie de la race.

Depuis Giotto, de qui toutes les villes d'Italie subirent l'influence, l'école florentine, dans son progrès ininterrompu, rayonne sur tous les artistes doués qui, dans chaque région, essayent loyalement de remplir leur tâche, et, d'autre part, elle s'approprie l'idéal créé par les maîtres divers, de telle sorte qu'elle peut être dite l'origine et le centre de l'art italien, et que leur deux développements dégagent une philosophie semblable. Ce qu'il faut réserver, c'est Venise, de qui le génie et toutes les circonstances sont très particuliers. Pour Venise, nous avons tenté ailleurs une synthèse analogue. (Voir, dans *Un homme libre, Mon triomphe de Venise.*)

I. — EXISTER

I

EXISTER

A Lucques, à Pistoie. — Viale dei Colli. — Le vieillard à tout faire du Baptistère de Pise.

Il y a six siècles, rien n'existait du petit monde qui peuple aujourd'hui les musées de Toscane. A Lucques, à Pistoie, villes dégradées, mais non mortes, on trouve ces lointains ancêtres : ce sont des reliefs maladroits qui apparaissent, vers le milieu du douzième siècle, au portail et sur les chaires des églises romanes.

Églises admirables, déjà, d'ampleur et de gravité, parce qu'elles expriment un sentiment social, l'union et l'orgueil de tous les citoyens intéressés au bien-être de l'État. Quel caractère puissant et précis elles avaient, ces petites villes, resserrées et denses, qu'on croit toucher, tenir dans sa main ! Dans ces cités déjà si fortes et qui devaient donner à l'art tant de types humains, on ne trouve pas, au onzième siècle, l'expression d'une façon de sentir. Et pourtant, déjà elles pouvaient, voulaient, nécessitaient tous les chefs-d'œuvre de la Toscane. Cette promesse, cette puissance, on les perçoit bien quand au soir, après une journée de contact, on fait sa promenade sur leurs vieux murs en rassemblant d'esprit ses notes de la journée.

Faire le tour des remparts, c'est boucler définitivement le petit dossier de sensations qu'on vient d'amasser sur une ville ; c'est compléter son enquête par un regard sur la campagne où s'est formé ce petit monde ; c'est achever la prise de possession ; c'est dénouer la ceinture. Par sa voix aussi, une ville se fait comprendre, aimer, et vers six heures, en avril, les cloches sonnent l'*Ave Maria.* Après de telles impressions, il n'y a plus qu'à la quitter, avec une reconnaissance sensuelle, si elle n'a pas su garder tout notre être comme font certaines patries dont nous demeurons tout imprégnés. Je suis parti de Lucques n'ayant aimé que ses promenades et sa nature, dont elle n'a pas su, du temps qu'elle était si ardente à la vie, tirer une expression.

La plaine et les montagnes en Toscane ne sont jamais vulgaires, mais fines et fortes, avec une noblesse qui vous conquiert, comme fait la douceur d'une jeune femme qui dès l'abord n'avait point cherché qu'on la distinguât.

Nul pays où les arbres, les collines, les heures du jour soient autant les jumeaux du petit peuple des musées. On croirait qu'ils furent créés dans le même instant par les mêmes influences.

Le long du *Viale dei Colli,* dans cette heure lucide du soir qui sublime la réalité, j'ai vu flotter au-dessus de Florence toutes les formes d'art qui précédèrent la venue du créateur Michel-Ange. Les images du quatorzième et du quinzième siècle ne me proposent aucune conception de l'univers que ne m'aient déjà suggérée, et de façon très précise, les lignes de ce parfait paysage composé de l'Arno, des Apennins, de la ville avec ses douces et sérieuses villas éparses.

L'horizon de Florence fournit au spectateur l'humilité penchante d'un Giotto, les formes sérieuses d'un Ghirlandajo, le précis, la finesse et la symétrie d'un Lorenzo di Credi. Sur la droite de la terrasse *Michele-Angelo*, il y avait, hier au soir, un verger d'oliviers argentés, si tristes, si délicats, avec ses petits gestes sans tapage que font leurs branchages ténus ! Et c'était tout Botticelli avec la grâce de sa Simonetta. Pré d'oliviers, refuge de la beauté, d'une beauté un peu boudeuse, un peu précieuse aussi, légèrement contournée et que ne surcharge aucune parure. Cette Toscane d'ailleurs, pour livrer l'essentiel de soi-même, n'a pas besoin des circonstances favorables de l'heure. En plein midi, un dimanche, tandis que le son éclatant des cloches dans l'air embrasé se confond avec la vibration du soleil, les montagnes de l'horizon de Florence, nettes, déterminées et précises comme du métal, gardent la souplesse du plus bel âge de sa sève, de telle façon que le Bargello, où tous les adolescents de la

Renaissance florentine nous émeuvent par la puissance de leur bronze et le frémissement de leur jeunesse, nous apparaîtra comme la collection, le haras des forces fécondes que nous avions vues éparses sous le plein soleil de Toscane.

A cette grâce des choses, à cette liberté dans les lignes les plus déterminées, nul doute que ne fussent sensibles les habitants de ce beau pays dès le douzième siècle. Ce qui leur manquait, c'était de prendre conscience des éléments de cette beauté. Il fallait un intermédiaire entre eux et la nature, quelqu'un qui les intéressât aux lois de la vie, à la structure anatomique des corps, à la perspective exacte ; un maître, enfin, qui les mît à même de faire de l'idéal avec les choses sensibles.

Ce maître, ils le trouvèrent au milieu du treizième siècle. Ce fut ce vieillard qu'on voit au Baptistère de Pise sur un des côtés de la célèbre chaire de Niccolo Pisano. Non avertis, vous le croiriez simplement un grand prêtre dans une *Présentation au Temple,* une sculpture en relief, ni meilleure ni pire que tant d'autres. Mais sachez que celui-là, c'est l'ancêtre de tout le peuple des musées de Toscane, et ainsi la source de beaucoup de sentiments et de beaucoup d'actes, et, par là encore, de beaucoup de bonheur et de malheur qui animèrent l'humanité depuis la Renaissance.

Quelle est donc la vertu secrète de ce vieillard près de qui nous passerions indifférents si les historiens de l'art ne nous l'avaient signalé ? Vaut-il par son ardeur à tenir l'emploi de grand prêtre et à recevoir son Dieu dans le temple ? Avons-nous ici quelque témoignage émouvant de la foi des simples au treizième siècle ? Non point. Ce grand prêtre ne se soucie pas de la scène religieuse où l'artiste le plaça ; il n'a aucune sincérité ; c'est un simple figurant.

Un figurant, car traversez la place, entrez au Campo Santo, examinez dans cet angle, sur cette belle colonne de marbre vert, ce vase antique, vous y trouverez le vieillard. Pisano l'a emprunté ici pour le mêler à ses images pieuses. Et, sur cette frise, depuis tant de siècles, que fait le vieillard ? Il suit un cortège bacchique. Il accompagne le gros Silène qui joue du pipeau. Les cordons de ses sandales sont dénoués, et un jeune homme courbé les rattache. Lui-même, dans les plis de sa robe, tient pressé un petit garçon. Où vont-ils ainsi ? Je songe aux *Contes milésiens*. Nul ne se douterait qu'un tel bacchant va au Baptistère de Pise émouvoir les dévots du Christ. C'est qu'aussi bien il ne vaut que par la beauté de sa barbe et l'harmonie des plis de sa draperie. Son mérite, c'est de *vivre.* Ne lui demandez rien de plus ; mais cela, il l'apporte au petit peuple des musées ; il leur donne le secret de la vie.

Doués d'un sens très vif de la nature, mais incapables d'atteindre du premier bond à réaliser les images que leur proposait leur pays, les Toscans s'approprièrent d'abord la noblesse des formes, l'allure de l'art antique.

Le danger était que ces premiers êtres qu'ils créaient demeurassent de simples figurants, capables d'exister, de se grouper même, mais indifférents. Attendez, laissez la race prendre conscience des éléments de la beauté humaine et des lois de l'art. Assez vite, le peuple des musées va s'individualiser... En moins d'un siècle, toute cette grâce aisée et forte, qui nous suppliait de lui donner l'être quand nous nous promenions sur les remparts de Lucques et dans la campagne de Florence, prendra corps... Voici le quinzième siècle ! Le peuple des musées est prêt. Tout ce que la Toscane renfermait de types en puissance aboutit à l'existence. Ils couvrent les murs de ses cloîtres, de ses palais, de ses églises. Ils savent se mouvoir, exprimer leurs sentiments, se grouper, nous charmer même.

C'est vrai qu'ils ne savent rien de plus. Pour eux il s'agissait d'abord d'être viable, d'exister. Sur l'univers, ils ne nous donnent aucune notion que nos yeux n'eussent amassée à se promener sur les lignes de l'horizon de Toscane. Tout ce petit peuple des musées du quinzième siècle a bien besoin que le Vinci vienne lui apprendre à méditer.

Je sais que, dans ces simples, la mode de notre époque est de trouver des qualités émouvantes. On peut toujours prêter aux pauvres et aux faibles ; mais eux, en vérité, ne peuvent que nous enseigner la patience et nous offrir leur bonne volonté à recevoir. Près du Vinci, de Michel-Ange et du Corrège, on acquiert quelque chose de plus qu'à respirer les fleurs dans le beau jardin de Toscane. Allons à la Chapelle des Médicis ; nous y verrons les personnages de Michel-Ange se créer un Univers ; non plus seulement assembler les éléments de beauté épars en Toscane, mais superposer un monde à la réalité.

II. — SE CRÉER UN UNIVERS

II
SE CRÉER UN UNIVERS

Le Vinci médite, trouve l'acceptation. — Dans Michel-Ange, le héros se sculpte, se veut arracher du marbre.

Ils ont raison, eux tous, ânons, veaux, jeunes femmes, garçons (dans *l'Adoration des Pâtres* de Ghirlandajo), de venir, pêle-mêle, au même abreuvoir, faire un même acte d'adoration. Un sentiment commun les relie : « Seigneur, donnez-nous aujourd'hui notre pain quotidien », et aussi, sans doute : « Maintenez-nous la joie de vivre dans ce beau paysage. » Voilà toute leur âme, leur aspiration intérieure la plus élevée, et c'est l'âme aussi de tout le petit peuple des musées au treizième, au quatorzième siècle. A cette même prière s'associent les honnêtes gens de Fra Angelico, les raffinées de Botticelli, la petite Vénus de Lorenzo di Credi et jusqu'aux Madones de Raphaël.

Mais combien elle est différente, la phrase que l'on entend du peuple de Michel-Ange, à la Sixtine, à la Chapelle des Médicis! C'est ici une sublime illustration du plus grand des problèmes d'éthique.

Celui qui pénètre sous ces voûtes impérieuses croit d'abord y reconnaître le lieu de la méditation. Erreur ! L'endroit où la méditation fut apportée au monde, c'est à Milan, dans le réfectoire de Sainte-Marie des Grâces, par la Cène du Vinci ! Dans cette atmosphère, la vie intérieure atteint sa plus grande intensité et l'esprit humain embrasse tous les aspects de la réalité en même temps qu'il en conçoit les lois. Mais un autre effort contracte les personnages de Michel-Ange et leur secret n'est point qu'ils méditent...

Ici, retardons notre enquête. A cet instant, les étapes de l'art ont une telle signification que ce nous sera un grand bénéfice de prendre une vue nette de cette évolution, marquée d'ailleurs par des traits immortels.

Parfois déjà, avant le Vinci, apparaît de-ci de-là dans le peuple des musées une vie intense et discrète. Dans ce tableau de Botticelli, *Allégorie du Printemps,* vulgarisé par la mode, verger où des jeunes dames dansent sous des orangers, il m'est impossible de ne point m'attendrir sur cette petite beauté des femmes qui passe comme une saison et qui ne saura pas mieux que les fruits de ces branches pendantes se refuser à des mains violentes. Elles-mêmes en ont quelque sentiment triste que témoignent dans leur allégresse leurs airs penchés ; mais enfin c'est quelque chose qui ne passe guère en qualité intellectuelle l'impression que je puis avoir d'une olive qui se ride. Parfois aussi apparaissent des soucis d'isolement : telle image de Lippo Memmi, au commencement du quatorzième siècle, est déjà froissée par la vie; elle se retire à l'écart, de la main, de la tête, de la bouche surtout ; mais c'est bouderie, non méditation : elle subit des sentiments, des sensations, et ne les ordonne pas. Cette tâche sublime appartient au Vinci.

Celui-là, on ne saurait trop l'admirer, car, poussant à ce degré la compréhension des causes, il a donné à l'intelligence une valeur morale. La moindre des créatures qui nous est parvenue du Vinci connaît les deux côtés de la tapisserie qu'est l'univers : de là le sourire de leurs yeux baissés et encore leur calme énigmatique. Le sourire, le calme, l'expression énigmatique, quoi de plus naturel chez celui qui voit quelle représentation du monde se composent les hommes et qui, d'autre part, pour avoir pris conscience des lois de la mécanique universelle, peut appeler par leurs vrais noms toutes ces impulsions qui, sous le pompeux décor social, animent ce que l'on nomme l'honneur, la gloire, la justice !

Par cette clairvoyance, déjà sa Joconde et les jeunes victorieux de ses dessins sont de haute supériorité intellectuelle, oui, vraiment, des jeunes vainqueurs de la réalité, des vainqueurs du mensonge ; mais voici que, pour vaincre le mensonge, il fait le pas décisif, il crée le Juste, ce Christ de la Cène, qu'il faut étudier dans l'esquisse du Brera.

Le geste de ses mains et ses traits, qui sont, pour

notre constante indignité, le plus douloureux des reproches, signifient qu'à comprendre tout et à distinguer la bassesse irrémédiable qui est à l'origine de chacun de nos sentiments, le sage, celui qui sait, pardonne tout. Tel est le mot suprême d'une connaissance complète et d'une méditation de la réalité : c'est l'acceptation.

Accepter ! voilà le terme de ce sublime Vinci. Michel-Ange, par un élan brusque, nous emporte bien au delà, et après que le précurseur avait démasqué la réalité, mais se bornait à la comprendre sans rien lui substituer, il jette dans l'existence des êtres plus vainqueurs encore, car ils prétendent, à celle-ci, substituer une autre réalité, conforme enfin à leur propre nature, et qui, par là, sera non plus un mensonge, mais la vérité.

Se créer un univers ! Tel est le grand mot, la formule à commenter, mais qui contient la Chapelle des Médicis, la Sixtine, tout Michel-Ange.

Considérez bien que ce solitaire n'est point un galant homme de cour à la façon de Léonard qui, curieux de connaître les lois de la nature, s'occommode de toutes choses par l'ironie, le dédain, la pitié et aussi par une noble indulgence. Avec sa bouche âpre, sa figure d'ouvrier obstiné qui n'a que faire de l'opinion d'autrui, on prévoit dès l'abord que Michel-Ange prétendra conformer l'univers à sa volonté et non pas plier sa volonté sur l'univers. Mais entrons où vit son peuple, à la Chapelle des Médicis, à la Sixtine, à San Pietro in Vincoli, auprès du Moïse cornu.

L'atmosphère que créent de tels personnages n'est viable que pour eux. A voir ces muscles d'athlètes, je sens que ce n'est point de méditation qu'il s'agit, car pour comprendre la nature l'homme peut être faible comme un roseau ; c'est ici le lieu du plus terrible effort.

Pourtant ne songez point à Hercule ; Michel-Ange nous fournit plutôt la race de Prométhée. Les êtres qu'il nous propose se conquièrent, s'arrachent de leur bloc de marbre. S'ils nous parurent tout d'abord méditer, s'ils sont, en effet, repliés sur eux-mêmes, c'est pour distinguer en leur conscience les êtres qui s'y sont obscurément formés, et pour se réaliser dessus. Ils veulent devenir. Le devoir qu'ils se sont imposé, c'est de se conformer malgré tout à leur destinée. « Que chacun sculpte sa propre statue », disaient déjà les Alexandrins.

Mais pour être son propre sculpteur, pour réaliser consciemment les modifications auxquelles un inconscient travail pourrait, dans la suite des siècles, hausser la race, pour mettre dans le présent tous les possibles qui sourdent en nous, quel terrible effort! Michel-Ange, peu avant de mourir, écrivait ce mot, trop fréquent dans le testament de ceux-là mêmes qui se sont adonnés à la plus haute culture psychique: « Malheureux que je suis, qui, en pensant aux années écoulées, ne retrouve pas, parmi elles toutes, un seul jour qui ait été à moi? » Cet affreux sentiment de n'avoir pu (malgré tant d'efforts pour se conformer à son idéal et pour être vraiment soi), échapper à tout ce qu'il y a de bas dans la condition humaine, voilà ce qui mêle tant de douleur et d'âpreté à l'effort et à la songerie de ses héros. Ses Esclaves, ses hommes et ses femmes des Tombeaux des Médicis, son Moïse, ses Vierges, se sentent impuissants à s'arracher du marbre brut, où plusieurs d'entre eux, en effet, sont matériellement encore demi-nés. Ses Sybilles, ses Prophètes sont tragiques de tristesse, de fièvre, parce que, dans l'avenir, ils aperçoivent des conditions où ils eussent été eux-mêmes plus beaux, plus heureux, cependant qu'ils distinguent aussi que leur sort sera de n'atteindre pas le terme de cet éternel devenir. Comme ce Moïse — dont Michel-Ange tire un si fort symbole de la Nature qui tient en main ses lois — ils n'entreront pas dans l'univers dont ils ont la prescience et où tend leur formidable énergie.

C'est seulement du sommet de la métaphysique qu'on peut jeter un regard de cette force et de cette tristesse. Michel-Ange est un des esprits qui, dans l'ordre de la spéculation, peuvent être dits héroïques. Avec les Alexandrins et les Allemands du commencement de ce siècle, il a conçu le Moi maître du monde.

Négligeons, n'est-ce pas ? la légende d'après quoi la femme (dite *la Nuit*) du tombeau de Laurent de Médicis exprimerait la douleur causée à Michel-Ange par l'asservissement de Florence. L'opinion vulgaire se plaît à limiter la portée d'une œuvre, à la réduire dans quelque anecdote. Le jour où ce grand esprit écrivit sur le socle le fameux sonnet : « Ne la réveillez pas », il se servait de son œuvre pour témoigner ses sentiments de citoyen, mais quand il l'avait conçue, c'était pour signifier une puissance de souffrir et une déception dont la cause n'était pas assurément une circonstance transitoire, mais la qualité même de son génie, et pour tout dire, de l'esprit humain froissé de tant d'antinomies.

Si une œuvre de telle violence comportait un commentaire, il faudrait le demander aux poésies de Michel-Ange, qui sont l'histoire lyrique de son amour pour Vittoria Colonna. Quand il écrit cette strophe si forte de sens : « Une beauté vue ici-bas par des yeux pénétrants ressemble mieux que toute autre chose à cette source mystérieuse de laquelle nous provenons tous », il exprime avec la terminologie du Dante une conception que les évolutionnistes modernes traduiraient ainsi : l'individu, comme l'espèce, se développe dans le sens de ses besoins, c'est-à-dire que c'est le désir qui crée ; or, l'instant où l'être humain est dans toutes ses parties le plus bouleversé de désir, c'est dans l'amour parfait ; donc rien autant que le rapport institué entre la beauté et l'homme ne ressemble à la puissance de créer.

Les raisonnements et la façon de lier les idées varient avec chaque génération. Les grandes métaphysiques, celles de Platon, de Dante, de Hegel et de Fichte, et tous les systèmes du monde ne sont que des images poétiques pour extérioriser et rendre logiques des sensations par elles-mêmes profondes et obscures. Il ne faut point s'embarrasser des différences de vocabulaire ; là-dessous, c'est toujours le même bouillonnement de l'homme qui veut devenir Dieu. Michel-Ange nous le fait voir directement et sans l'intermédiaire des théories qui toutes perdent vite leur force émouvante ; il dresse devant nous une humanité qui se veut arracher du marbre, s'individualiser héroïquement.

La Chapelle des Médicis, la Sixtine, sont des réservoirs d'énergie probablement immortels. Bien des philosophies qui enseignent le même individualisme seront devenues incompréhensibles, et l'on viendra ici encore se convaincre que la seule tâche noble est, par un constant effort, de se créer soi-même, jusqu'à substituer à la réalité conventionnelle, c'est-à-dire admise par le commun des hommes, sa propre conception du monde. En un mot, il faut recréer l'univers.

... Mais, haussé à ce degré, l'être humain pourra-t-il se maintenir ? C'est ce que nous allons savoir des peintres de la fin du seizième et du dix-septième siècle.

III
SE JOUER

III

SE JOUER

Léda appelle le Cygne. — Les exercices spirituels.
Les Peintres de Bologne pareils à nos grands romanciers modernes.

Très rares sont les volontés qui puissent, comme Michel-Ange, toute leur vie, se maintenir dans un état héroïque. Ce grand homme parvint à substituer à la réalité son propre idéal ; il créa un univers pour son usage, et pourtant il note qu'après ses enthousiasmes il lui reste « un je ne sais quoi cuisant qui cause ses pleurs ». S'il connut ces tristes périodes de rémission, que sera-ce des esprits moyens qui voudront, sur son exemple, se hausser jusqu'à ces sommets de l'âme ! Pour de rares instants seulement ils parviendront à goûter les ivresses de la création : c'est le baiser si ardent, mais stérile, qu'échangent Léda et le Cygne.

On connaît ce groupe exécuté, d'après Michel-Ange, par un de ces élèves, Ammanati. Combien j'y trouve de sens, au point de vue psychique ! Voici Léda, la fille de la Grèce et de Rome, la Renaissance, la race qui fournit au monde le type de la beauté ! Elle accueille l'oiseau mystérieux, l'amant inconnu, le chevalier Lohengrin. Il est le cygne des grands fleuves du Nord, et sous ses ailes frissonnantes il détient les secrets qui flottent sur les lacs à l'ombre des forêts. Serpent, oiseau, poisson, à la fois repoussant et majestueux, le cygne est composite comme la nature même. Il apporte à la latinité la rêverie germanique, le sens de l'universel, l'aspiration panthéiste. Mais ces vertus, Léda et le Cygne vainqueur ne les rapprochent que pour un instant. Baiser ardent, mais trop furtif, en même temps que trop ingénieux.

C'est qu'Ammanati voulait signifier l'état d'âme, qu'il connaissait si bien, de ceux qui, n'étant point nés au-dessus de l'ordinaire, essaient pourtant de connaître plus que la réalité ! Symbolisme audacieux, et sur quoi nous méditerons devant les peintres de Bologne.

A la fin du seizième siècle, le petit peuple des musées ne se propose plus de modèle extérieur ; il tire sa vie de l'âme même de l'artiste. Du Vinci, il a reçu la méditation ; du Corrège, du Sodoma, la grâce et la sensualité triste ; mais de Michel-Ange, l'exemple d'une vie héroïque ; et c'est là dorénavant qu'il s'efforce d'atteindre, d'une façon réfléchie, employant toutes ses facultés lentement acquises pour se hausser à la plus intense exaltation. Ceux qui ne possèdent point l'âme d'un Michel-Ange, se composent des conditions telles que, pour quelques instants du moins, ils connaissent les exaltations d'une vie supérieure. Léda appelle le Cygne.

Précisément, le siècle venait d'imaginer une méthode

pour introduire dans le monde supérieur du mysticisme ceux qui, désireux d'y pénétrer, manquent cependant de la force spontanée des Thérèse, des Loyola, des Catherine de Sienne. On connaît les *Exercices spirituels*, qui pour de brefs instants haussent des médiocres jusqu'à l'état d'âme des héros. Cette extase ne modifie pas la qualité naturelle des êtres, mais les sort momentanément de la réalité ambiante. Ainsi les peintres de Bologne, ne pouvant pas donner à leurs créations la vie supérieure et divine dont disposait Michel-Ange, du moins les placent dans des conditions telles que leurs facultés prennent leur pleine intensité.

L'art bolonais recherche systématiquement quelles situations extrêmes il pourrait combiner pour mettre des êtres dans un état supérieur à l'ordinaire de la vie. La peinture, la sculpture deviennent la représentation de personnes de caractères déterminés dans une catastrophe particulière.

Une suite de cas passionnés, ordonnés par une merveilleuse science psychologique, voilà ce qu'on voit dans les musées d'Italie au dix-septième siècle. Pour le pathétique et l'analyse, c'est déjà notre roman moderne, mais avec le souci de la beauté en plus.

On n'attend pas que je décrive des œuvres gravées partout et que nulle description littéraire ne restituerait sincèrement.....

On sait à Milan le célèbre Guerchin, *Agar chassée par Abraham.* C'est Sarah, c'est une femme légitime qui fait chasser honteusement sa rivale, une maîtresse désespérée, mais que l'orgueil féminin soutient. Examinez la méchanceté satisfaite et dissimulée de Sarah ! A Bologne, du Dominiquin, la *Mort de saint Pierre martyr* ; quelle excellente explication de tant de héros qui, souvent, furent tels contre leur volonté ! Des anges descendent les palmes au martyr : mais terrassé par son assassin, il a une peur épouvantable, et comme il voudrait fuir !

On reproche à ces peintres que chez eux la Mère devient la gardienne ennuyée de l'Enfant, et si hautaine parfois que les chérubins musiciens et les autres petits anges timides ne reçoivent ses ordres qu'avec un empressement mesuré. Mais l'artiste voulait nous faire voir une grande dame qu'on essaye d'amuser. Ce sont ici des peintures de mœurs et, en vérité, une excellente psychologie. L'amour surtout est fortement analysé dans toutes ses nuances. Là-dessus, les esthéticiens parlent de profanation et notent avec scandale qu'autour de la Vierge parfois les anges vont jusqu'à exprimer de la convoitise. Mais dans l'idée du peintre ils sont des pages, et pensez à Chérubin auprès de la Marquise.

Pour les passions tendres, ces artistes, dédaignés de la mode moderne, sont souvent sublimes, notamment dans l'expression intense de la volupté. Le pathétique s'y fortifie de vérité pathologique. Voir à Santa Maria della Vittoria, de Rome, la célèbre statue de sainte Thérèse, du Bernin. C'est une grande dame défaillante d'amour. Songez à ce que voulaient le dix-septième, le dix-huitième siècle, et Stendhal, et Balzac. Le peintre place ses personnages dans une action où ils pourront fournir exactement ce que nous réclamons de confusion, de faiblesse pour être touchés et renseignés.

Ces vierges, ces saints, ces martyrs, ne vous étonnez point s'ils savent produire les grâces de leur corps, de leur esprit, et se placer dans les conditions où ils sauront le mieux en jouer. Ce sont des gens de cour. Si les peintres ont pris de tels modèles, c'est pour la raison qui détermine

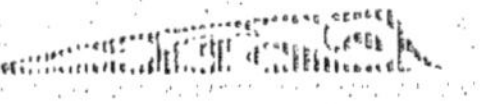

MUSEO

aujourd'hui nos analystes à nous présenter le plus souvent des femmes de la société : il faut des loisirs pour le raffinement des passions tendres. Quant aux énervés qui veulent qu'on les secoue et qui se contentent aujourd'hui avec les crimes et les procès d'assises, les peintres leur donnaient des réprésentations terribles de martyres.

De quel droit relevez-vous une contradiction entre les scènes sacrées qui servent de prétexte à ces drames psychologiques et l'esprit tout laïque qui fait leur essence, vous qui acceptez que tous les primitifs et Raphaël nous présentent comme des Vierges, de bonnes petites filles de Toscane ?

Convaincu que l'instant sublime est le groupe du Vinci, du Corrège, du Sodoma, dominés par Michel-Ange, je n'hésite pas du moins à préférer aux primitifs, et même aux peintres de la première moitié du quinzième siècle, le Guide, le Dominiquin, le Guerchin, les Carrache et leurs émules qui nous donnèrent de fortes et abondantes analyses de la passion.

Je comprends que les archéologues se réjouissent de remonter jusqu'à un Giotto, un Pisano, un Duccio. Je m'explique que des poètes, épris d'archaïsme et qui, pour atteindre à une plus gentille gracilité, atrophient les sentiments en eux, se réjouissent de la pauvreté et de la mesquinerie de ces petites gens. Mais celui qui juge par soi-même, qui ne cède ni à ses préjugés d'école en faveur de la sobriété, ni à la mode, et qui est amateur de l'âme humaine dans ses abondantes variétés, reconnaîtra chez les bons exemplaires du peuple des musées au dix-septième siècle des êtres qui reçoivent leur impulsion, non du monde extérieur, mais de leur univers intime, et qui ne se composent point sur des reliefs antiques ou des modèles, mais d'après leurs agitations propres dont ils ont une claire vision.

Au résumé :

Il fallait exister d'abord et exister viable. Ce fut le service que Pise et Sienne, peut-être, rendirent à l'art du treizième siècle.

Se composer lentement une vision de l'univers, harmonieuse et particulière, voilà la seconde étape que l'on franchit à Florence, quand l'individu prend une personnalité, médite avec le Vinci, aime à souffrir avec le Sodoma, aime à charmer avec le Corrège, et, avec Michel-Ange enfin, substitue aux réalités admises de tous un univers qu'il crée de toutes pièces par sa méditation.

Il s'agissait ensuite que tant de types nés à la vie organisassent entre eux des rapports où utiliser avec intensité les éléments qu'ils venaient de se créer. C'est l'œuvre que nous constatons dans les musées d'Italie après Michel-Ange, et voilà presque nos contemporains, en qui la passion devient un état voulu, atteint par des procédés mécaniques, ou tout au moins un état conscient.

Ces trois phases marquent les étapes de la destinée psychique d'un véritable individu, en même temps qu'elles résument l'évolution de l'art dans les musées de Toscane. Ils sont une excellente éducation d'humanité. Éducation toute d'agrément, car pour nous dominer l'Italie n'use que d'émotions voluptueuses. On a dit : « Un ami, s'il laisse voir trop clairement son dessein de nous former, n'éveille aucun sentiment agréable, tandis qu'une femme qui nous forme, en paraissant nous séduire, est adorée comme une créature céleste qui apporte la joie. » C'est dans ce sentiment que les hommes recevant de l'Italie, depuis des siècles, toutes les ivresses du bonheur, l'appellent justement leur maîtresse.

Avril 1894.

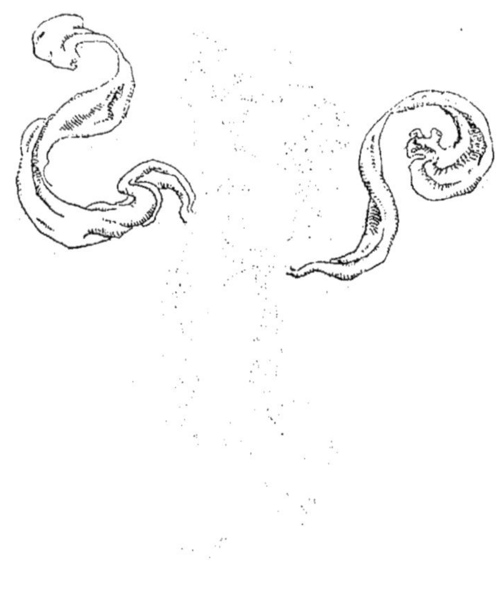

NOTE

(1, page 60). Nous avons effacé dans cette édition un mot irréfléchi qui diminuait injustement Paganini...

L'impression profonde donnée par le physique étrange de Paganini, les bruits mystérieux que répandaient ses adversaires, enfin l'extraordinaire effet de son jeu firent à ce fameux virtuose une figure de sorcier. Il est né à Gênes en 1784. Son père ayant vu ses dispositions le brutalisa pour l'obliger a travailler plus encore et pour tirer des bénéfices de ce petit prodige. Aussi à quinze ans, après ses premières tournées de concert, il prit la fuite. Il fut accueilli dans toute l'Italie avec étonnement. A peine avait-il exécuté un de ces morceaux inouïs de concert que les artistes et les *dilettanti* étaient transportés d'enthousiasme. Paganini, il est vrai, à qui un peu de charlatanisme ne déplaisait pas, ne se faisait pas faute d'employer certains procédés matériels sans lesquels l'exécution de certains traits eût été impraticable. M. Henri Quittard, à l'article Paganini, dans la *Grande Encyclopédie*, donne sur ces charlatanismes quelques indications. Néanmoins, un grand nombre de ses compositions sont restées longtemps inabordables pour la plupart des violonistes. Il n'est pas sûr qu'aujourd'hui même certaines puissent être exécutées aisément par nos meilleurs artistes. Cette virtuosité extraordinaire est d'autant plus surprenante que Paganini fréquemment arrivait dans la salle, où il devait se faire entendre, sans avoir même répété avec l'orchestre qui allait l'accompagner, et il restait souvent des semaines entières sans toucher à son violon. Il se vantait d'avoir découvert un secret qui lui permettait et qui aurait permis à tout le monde d'arriver à ces résultats. Il se réservait, disait-il, de le révéler à sa mort. Mais il a emporté avec lui ce secret merveilleux.

Des aventures de tout genre et qui ne furent pas toujours à son honneur signalèrent la première partie de la vie de Paganini. Livré avec fureur à la passion du jeu, il lui arriva plusieurs fois de perdre tout ce qu'il possédait, jusqu'à son violon, et d'arriver dénué de tout dans la ville où il devait donner son concert. Des calomnies plus graves furent répandues sur son compte. Ses ennemis lui imputèrent des crimes. Ils assurèrent qu'à la suite d'un meurtre, un brigandage où l'assassinat d'une maîtresse, il avait été jeté au fond d'un cachot noir. Il lui restait son fameux *guarnérius,* offert par Livron à Livourne un soir d'extrême misère, mais un geôlier, aussi inhumain que celui de Pellisson, en avait enlevé trois cordes, de peur qu'il ne se pendît en les mettant bout à bout. C'est alors que, par un pacte avec le démon, celui-ci accorda au musicien le don surnaturel de jouer sur la dernière corde mieux que sur toutes, d'en tirer ces sons étranges qui bouleversaient les âmes, de trouver, sur cette unique chanterelle, un chant de trois octaves aux modulations infinies.

En réalité, Paganini souffrait d'une maladie nerveuse. Elle le minait, et cette neurasthénie l'obligeait en quelque sorte à cette existance errante et occulte, en même temps que la fièvre le décharnait.

A Londres, à Vienne, à Dublin, à Paris, à Édimbourg, en Hollande, à Prague, à Dresde, à Varsovie, à Francfort, dans toutes les cités italiennes, Lucques, Turin, Gênes, Florence, Naples, Rome, Milan, à Venise, à Trieste, dans toutes ces villes qui furent les étapes retentissantes de sa gloire, le public, hostile à l'homme sans raison déterminée, se battait à la porte des salles pour entendre le génial compositeur dont l'archet défiait la voix de la Malibran, et l'acclamait dans la frénésie de ses enthousiasmes.

Cet homme, au moyen âge, eût été brûlé vif sur la place publique comme sorcier. Il semblait d'ailleurs une créature surhumaine. Au commencement du XIXe siècle, lorsque l'on croyait évanouies, même dans le peuple des campagnes, ces superstitions barbares, il se trouvait, dans la société mondaine des grandes villes, des gens pour penser, avec bonne foi, que cet admirable virtuose était le diable en personne, Lucifer, Belzébuth, Astaroth, dont les griffes maudites promenaient l'archet sur l'instrument enchanté.

A Vienne, quand il jouait ces *Stryges* fantastiques, dont les notes surnaturelles sanglotaient, criaient, déchiraient les cœurs dans les poitrines, secouaient les chairs de frissons, emportaient les âmes et les corps dans un tel vertige de sensations que des femmes tombaient évanouies, des spectateurs virent distinctement un démon, dont la langue flamboyait, faire vibrer lui-même les cordes de ses phalanges crochues.

On commentait encore avec d'inouïes exagérations quelques détails de sa vie amoureuse ; sa retraite au fond d'un vieux château féodal de l'Ombrie, où une belle dame de vieille noblesse lui faisait une douce chaîne de ses deux bras blancs, lui inspirait le dégoût du violon, sa passion et sa vie, lui permettait tout juste de pincer de la guitare a ses pieds, comme un page des anciens temps.

On se racontait, l'imagination suppléant à l'exactitude, son ardent amour pour la princesse Elisa Bacciochi, à laquelle il dédiait sa fameuse *Scène amoureuse* jouée sur deux cordes ; sa liaison, aux phases violentes, avec Antonia Bianchi, la célèbre cantatrice qui lui donna un fils qui vit encore, le baron Achillino Paganini.

Des légendes couraient sur lui, dans toutes ces villes où il repassait tout à coup après des absences de plusieurs années que nul ne pouvait expliquer. Sa présence provoquait une crise de curiosité d'autant plus aiguë que sa disparition avait été plus mystérieuse. Cet être impénétrable, ce talent effrayant donnait une inquiétude vague au fond de laquelle il y avait une haine féroce qui, n'osant s'attaquer au vivant, allait se déchaîner contre le cadavre.

J'ai lu jadis de curieux récits de Ziem, du vieux peintre féerique de l'Orient, sur le fantastique Paganini. Et d'abord il faut se rappeler ce qu'est Ziem, riche et puissant, mais désordonné, dans ses orientalismes de Constantinople et de Venise. « Ziem est le peintre de l'Adriatique, des fourmillement de palais, des dunes, des coupoles, des campaniles, des clochetons, des eaux teintées de rose, de bleu et de vert tendre. » (Edmond et Jules de Goncourt.) En 1838, Ziem avait dix-sept ans, quand Paganini, qui sillonnait l'Europe et apparaissait par surprise ici et là, séjourna plusieurs semaines à Dijon. Il fréquenta chez les parents de Ziem et même, par les accents angéliques de son violon, il adoucit les derniers moments de Mme Ziem. A demi terrassé déjà par la maladie qui deux ans plus tard l'allait emporter, il se plaisait dans cette abondante Bourgogne à évoquer, durant de longues heures, sur un violon les splendeurs de Venise sa patrie. C'était un homme de très haute taille et décharné, se rappelle Ziem. Son profil était creusé comme un croissant dont le sommet du front et l'extrémité du nez formaient les pointes. Vraiment diabolique quand ses longs doigts et le talon de son archet faisaient jaillir des cordes un éblouissement de sonorités. Le but de Paganini n'était point de faire du jeune Ziem un violoniste, mais de le renseigner sur la ville des lagunes. « Il a planté dans mon cerveau le décor de Venise », a dit le vieux peintre. Tantôt Paganini lui chantait éperdument les splendeurs pures et la douce joie du matin à Venise ; tantôt il faisait surgir les cuivres et l'or du couchant, alors que glisse sur les eaux le tintement des cloches du moyen âge. « Son violon magique, raconte Ziem, me rendit familière Venise où je ne pouvais même point penser que j'irais quelque jour. Comment oublierais-je jamais ce qu'il m'a fait réellement voir : le disque du soleil qui s'allume à l'horizon pendant que du sein de la mer son image vient à sa rencontre ; puis la pleine lune qui apparaît ; des nuages d'un noir épais qui traversent le ciel au pas de course et qui projettent leur ombre géante sur la mer dont par place ils éteignent la splendeur. »

Quand Paganini quitta la Bourgogne, Ziem, enfiévré, ne pouvait plus tenir en place.

Deux ans plus tard, en 1840, le jeune homme était à Nice et travaillait avec un sculpteur, Alexis de Saint-Marc. Un soir, un de leurs amis, le comte de Cessoles, vint les trouver tout ému et leur apprit la mort de Paganini avec les circonstances qui l'accompagnaient. Le clergé niçois refusait l'entrée du cimetière à l'artiste génial. L'évêque prononçait une interdiction fulminante contre cet « homme qui était le diable en personne ». Son fils, Achillino Paganini, affolé, sollicitait vainement Marseille, Gênes, Cannes, et malgré ses millions ne pouvait obtenir quelques mètres de terre pour le cadavre diabolique.

Cependant le cercueil avait été déposé dans une cave de l'hôpital à Nice. La population se convainquit que la nuit les démons s'assemblaient dans les sous-sols en des rondes fantastiques. Pour conjurer le malheur que de tels hôtes allaient nécessairement attirer sur Nice, on jeta le cercueil dans une de ces immenses cuves où les fabricants d'huile entassent les débris d'olive après la pressuration.

Telle était la situation quand le comte de Cessoles vint trouver le jeune Ziem et le sculpteur Alexis de Saint-Marc. Il leur donna rendez-vous à minuit dans l'endroit où débouche aujourd'hui le tunnel de Villefranche. Le lendemain, ils s'y trouvèrent tous trois, plus quatre paysans, par une nuit sans lune. Les paysans allumèrent des torches dont les lueurs fumeuses éclairèrent une cuve en pierre et ciment, large et longue de dix mètres. Le vent soufflait en tempête, les vagues qui déferlaient contre la côte couvraient les voyageurs. Ziem et son ami, armés de cordes et de longues perches, soulevèrent le cercueil et l'amenèrent au bord de la cuve. Il fut enfin placé sur un brancard et porté par les robustes paysans dans la propriété que possédait le comte de Cessoles à l'extrême pointe de la presqu'île Saint-Jean.

En 1845, Marie-Louise, alors duchesse de Parme, fit porter le corps dans la merveilleuse villa Gajona, près de Parme, achetée par Paganini au lendemain de ses fameux concerts de Londres. En 1853, soit huit ans après, on le changea de cercueil et on répara l'embaumement qui avait été hâtivement bâclé. En 1876, on transporta Paganini de sa villa Gajona au cimetière de Parme, où sa tombe nous a frappé. La chose se fit de nuit, à la lueur des torches, dans un cortège fantastique, toute une foule étant conduite le long du Baganza, torrent aux rives escarpées, par Attila Paganini, neveu du mort. Vers 1890, le vieux baron Achillino, propre fils du mort, voulut présenter à son père le violoniste Ondricek, de Prague. Il y eut une exhumation. Plus récemment le baron Achillino vient de faire fabriquer une nouvelle bière où l'on a déposé le maëstro dans son habit noir à demi détruit. Le chêne cachera le corps effondré, démoli, mais le visage admirable et intact restera visible à travers le globe de cristal qui vient d'être encastré dans le cercueil. Dejà la photographie a reproduit les traits de cette figure vraiment diabolique, à la bouche serrée, rentrée, sarcastique, aux joues creuses où les rides dessinent deux S profondes. On pourra désormais contempler à plaisir ce visage du diable fait musicien.

(Note de MM. Henri Quittard, Luc de Vos et Paul Desachy.)

TABLE DES CHAPITRES

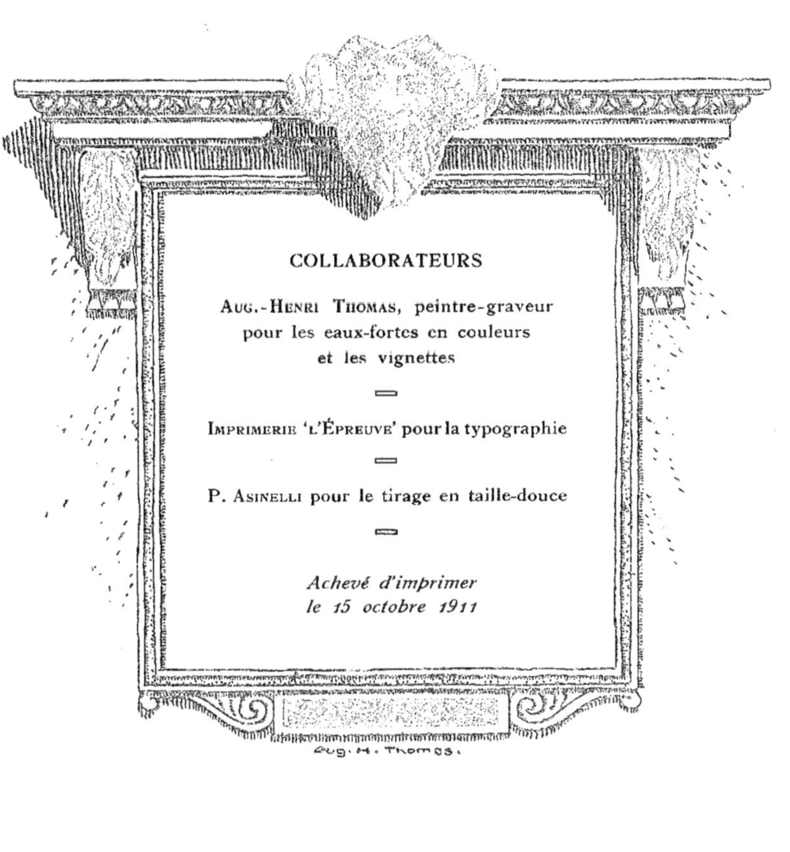

COLLABORATEURS

Aug.-Henri Thomas, peintre-graveur
pour les eaux-fortes en couleurs
et les vignettes

Imprimerie 'l'Épreuve' pour la typographie

P. Asinelli pour le tirage en taille-douce

Achevé d'imprimer
le 15 octobre 1911

René KIEFFER RELIEUR D'ART,
47, Rue Saint-André-des-Arts, PARIS VIe

FAC-SIMILE de la RELIURE destinée

à EN ITALIE de Maurice BARRÈS

En Maroquin du Cap. Décor tout or, tête dorée, tranches ébarbées. .. .. 125 fr.

N.-B. — Toutes les reliures confiées aux soins de M. KIEFFER auront deux planches INÉDITES tirées sur SATIN, de Aug. H. THOMAS, illustrateur du Livre. Ces épreuves serviront de GARDES INTÉRIEURES à la reliure et seront un complément à l'illustration du texte.

M. KIEFFER se met à l'entière disposition des bibliophiles pour établir toutes maquettes et devis qu'il leur plaira de demander au sujet de reliures personnelles de " EN ITALE "

www.ingramcontent.com/pod-product-compliance
Ingram Content Group UK Ltd.
Pitfield, Milton Keynes, MK11 3LW, UK
UKHW021120220726
13924UKWH00004B/1823

9 782019 218980